生命，因閱讀而大好

願你在
黑暗裡
溫柔爍亮

金知勳 김지훈
張召儀 譯
著

獻給在夢想、愛情與人際裡受挫的人，
謝謝你鼓起勇氣撐過這一天。

Prologue

人啊，即使身處物質富裕的環境、被眾人簇擁圍繞，也依然無法獲得滿足，而是不斷渴望、追尋更多事物，耽溺於外在的一切，填滿再填滿……

即便如此，人們還是時常認為自己過得不幸福，總是選擇迴避空虛的內心，不停想著自己之所以不快樂，都是因為擁有的事物不足，繼續追求堆疊身邊的一切。於是，所謂的「我」，漸漸變得空無一物。

其實，我們需要填滿的不是外在，而是內心。奔馳在人生的旅途上，我們經常會陷入迷惘，瞬間忘記自己存在的理由和生活的目的。因此，原本那屬於我的耀眼光芒，隨著時間日漸黯淡，被無數謊言與假面的烏雲遮蓋，一步步地殞落。亦即，我們不是「活著」，而是正在「死去」。

但是，不要緊的。因為理解那層苦痛，所以我們熱切地盼望真正的幸福；眼下的煎熬難耐，是未來得以邁向真正幸福的過程。

下筆時，我似乎就是帶著這樣的心情——從現在開始好好生活！不再貪執於外在世界，而是回頭守護自己的真心。否則，最終留下的，將只是生機盡失、凋謝萎靡般的空虛感。試著重新找回被世界奪走的真誠，讓自己就此過得幸福吧！

我認為人生最痛苦的時刻，就在於失去真心。為了自我炫耀而戴上華麗的面具，然後接連不停地角色扮演。於是，世上沒有人能真正了解我，甚至連自己都無法尊重和珍惜自我，這樣巨大的孤獨與自尊感喪失，讓我們產生名為「空虛」的病，痛苦地發出悲鳴。

因此，「真心」這兩個字，即是本書的主題。唯有找回真實的自我，才得以邁向幸福；唯有以真心待人，才能深入對方的心，綻放安慰與喜悅的花朵。我懇切地希望這本書，能為正感到痛苦的你帶來慰藉與快樂，而不僅僅是流於形式上的「真心」。為此，我傾盡所有心力，只願在字裡行間，能讓你感受到真摯的情意。

我合掌祈禱自己的心意能滲入你的心底，交融出溫暖氣息。假如我出自真心，必能成功讓你獲得安慰。

在以克服傷痛為題的《加油，別失去勇氣》（용기를 잃지 말고 힘내요，暫譯）裡，我曾寫道：「俗話說『時間就是良藥』，但這句話其實只對了一半。若心態沒有改變，就算傷口隨著時間癒合，日後也會因其他事而再度陷入痛苦。」

要改變的不是世界，而是我們的心。心底的傷口逐漸癒合，但我們仍舊無法感受到幸福，原因就在於我們會從其他事件、情況，甚至在相同的情境裡反覆受到傷害。因此，我們必須隨著時間一起成長──創傷終會癒合，而我們也要在過程中逐漸堅強與茁壯，不再為世界所傷，如此方能找到真正的幸福。

若能找回本心、想起自己存在的理由，認真度過生活的每分每秒，且從中獲得成長的話，我們一定可以擁抱幸福。

眼下的痛苦和創傷，都是引領我們成長的珍貴寶物，因此，我想告訴你：即使感到難受也沒關係。

沒事的，真的不要緊。
我們會因此而成長，因此而變得徹底幸福。

我們，一定可以挺過去。

從現在起，不妨試著找回那些被謊言掩埋的真心，鎖定以成長為目標的人生吧。但願我的文字不只為你帶來撫慰，還能助你下定決心，善加守護那些曾經被遺忘的自我；過去一味追求外在名利而變得空蕩蕩的心，也能因成長而變得充實且豐盈——我在此懇切地期盼。

希望我的隻言片語，能永遠留在宇宙中成為守護你的堡壘。
我雙手合十，誠心地為你祈求幸福。

CONTENTS

Chapter 2

開口說愛

Chapter 3

致陷入苦惱的你

Chapter 1

給你的安慰

總有一天，你會明白：

此刻這令人心生埋怨的痛楚，
其實是珍貴無比的禮物，
讓日後的你蛻變得更為美麗與幸福。

因此，眼下若感到難受也無妨。

假如藉由這些痛苦，
能助你找回被世界剝奪的真心，
與那些屬於你的光芒與幸福——

那麼，所有苦痛都將變得意義非凡。

為了讓你成長，
尋回失去的自我，
這些猶如恩賜般的苦楚不請自來。

但願你能敞開胸懷，
欣喜地接納與承擔。

痛苦教會我的事

墜入痛苦深淵之前的我，
過得比任何人都還要忙碌充實，
卻絲毫不懂得滿足。

如果不是第一名，
我就會感到委屈、憤怒，為此徹夜難眠。

當研讀美術的哥哥為了做作品而發出聲響時，
我會聲嘶力竭地大吼並砸東西，憤怒地指責他妨礙我念書。

必須依賴小組合作完成的事，我基於心中的完美主義，
無法對他人付出信任，總是選擇獨自承擔一切。

曾經的我，不信任他人的能力，
因為自負於自己的才能、陷入傲慢，

連他人在生活中學習的機會，我都自私地予以剝奪。

認為所有事情都要追求完美的我，
不曾正視「只要是人，就難免有所不足」，
而是將不足視為缺陷與懶惰，對他人橫加判斷與指責。

走在這條路上，實在疲憊得難以言喻，
甚至覺得「如此痛苦的話，還不如一死了之」……
難道漫長的痛苦歲月，都只能這樣默默忍受嗎？

當時的我深信，這些都是過往歲月給予我的懲罰。
任憑巨大的罪惡感日夜折磨。

自責、後悔和罪惡感，浸染了我的內心，
當時，那份痛苦，讓我連呼吸都感到困難……

花了很長一段時間，
我才開始理解那些痛苦，是伴隨成長而來的禮物。
我踏著那份痛楚，勇敢挺立，
而後發現我的人生和存在，似乎比過往更加璀璨；
原來，我說的話，足以給某人帶來慰藉與力量；

我的內心深處，有值得人們學習的地方。

過去我為自己祈禱過無數次，
請讓我成功吧、讓我得第一吧……
而在那之後，我改變了祈禱的內容——
請讓我給予他人無私的愛，讓我為他人的幸福奉獻吧！

造成這一切改變的，正是所謂的「痛苦」。

無論是我，抑或是他，我們都只是人類，
生而為人，是多麼地美好啊。

如今，無論多麼倦怠或疲累，
我的眼裡看得見母子之情，
能夠產生動力去清洗那堆積如山的碗盤。

當父母露出疲態時，我可以大方地給予擁抱，
告訴他們：「謝謝，我愛你。」
言語中承載滿滿的真心。

撫摸毛小孩們的時間也日漸增多，

望著牠們的眼神，充滿了比過往更豐沛的愛憐。
一想到牠們也是我的家人，每當有好吃的食物，
我就會特別裝在碗裡留給狗狗。

就這樣，我學習到了什麼是愛。

遇到事情，我不再獨自一肩扛起，
樂意讓他人加入，從經驗中一同學習；
更懂得在一旁觀察並提供協助，
學會了何謂沉著與忍耐。

比起去討厭那些不喜歡我的人，
我選擇付出更多的關愛與溫暖；
學習保持安穩的心態，
化解對方鬱積的心結。

就連過往那狼狽不堪的模樣，
我也可以絲毫不感到羞愧，
在他人面前侃侃而談。
因為，我擁有了展現真實自我的勇氣。
無論好與壞，那些都是屬於我的面貌，

我學會感謝並珍惜自我的內在涵養。

在我們生命的某一時刻，痛苦會不期而然地降臨。
也許是肉體上的苦痛，精神上的煎熬，
抑或兩者兼具的傷痛。

但願你不因痛苦而感到畏懼，
也不要就此對人生自暴自棄，
或者在困境中一蹶不振。

那些困境，終將使我們成長茁壯；
那些我們曾埋怨過的痛苦，
終將在不知不覺間，
成為生命中不可或缺的珍貴寶藏。

一步一步，我們變得更加美好；
一步一步，我們變得更加溫暖。

曾經不懂事又魯莽的我，
如今，也能為大家帶來撫慰。
這一切，都是因為經歷過「痛苦」才有可能實現。

寫給舉步維艱的你

請放心，無論眼前的路充滿多少艱辛與險阻，
一切都會慢慢變好的，
你必定能夠戰勝，也會從中找到意義。

或許很難邁出下一步，
但為了獲得昂首闊步的勇氣，
現在的疼痛是必經過程。

痛苦是身體和心靈經歷成長，
向我們拋出想要賴的信號。
也許現在的信號看起來像紅燈，
但不久之後，信號就會如綠燈般通暢無阻，
讓你順利通過這場試煉。

你做得很棒，接下來也會做得很好，

現在暫時停下來也無妨，不是嗎？
不過是在遠征途中的歇歇腳罷了。

就如同句子匯聚成段落，段落又再組成章節，
最終構成一部故事，
讓故事留下更深的餘韻，
讓結局充滿美好的回憶——

而此刻，只是暫時畫下逗點而已。
暫且享受一下逗號的餘韻吧！
將等待綠燈的時間視為陣痛期，並銘記在心。
總有一天，你也會說出這樣的話語：
「當時的痛苦，造就了今天的我。
假如沒有經歷過那場試煉，
至今我也許還是個不明事理的孩子。
雖然很辛苦，但現在回想起來，卻是生命的必經之路。
我由衷覺得感激。」
.
.

因此，不要緊的，真的沒關係。

人生既是如此，何不微笑以對？

你一定很累吧？
那樣的心情我能理解，
因為現在的我也感到很倦怠。

比起他人若無其事地對你說「加油」，
你更需要的，其實是另一位身處倦怠之人的共鳴。

人生的重量實在過於沉重，
即使咬緊牙關苦撐，雙腿仍瑟瑟發抖。
那種全身無力、癱坐在地，
想要放棄一切的心情，我完全能夠理解。

那種骨骼碎裂、精神崩潰、心口撕裂般的感覺，
都是我曾經的切身之痛，也讓我得以明白你的感受。

假如這就是人生，

是我們必須面對的現實，終歸要經歷的考驗，

不妨重重地嘆口氣，放鬆肩膀的緊張感，

然後，揚起嘴角吧！

但願你能打起精神，

再稍微多露出一點笑容。

人生，有時過於沉重、痛苦，

讓人行至途中，忍不住淚流滿面，

甚至莫名地大哭一場。

我並非總是感到幸福，

偶爾，也渴望獲得安慰，

或者在某人的懷裡放聲哭泣。

所以，就讓我們互相擁抱。

在彼此的懷裡融為一體，

緊緊地相擁而泣吧。

在盡情宣洩後，看著彼此的狼狽模樣，

忍俊不禁地互相嘲弄，一起開懷大笑。
用安慰與笑容將悲傷抖落，
從中汲取勇氣，再接著邁出下一步。

也許就能稍微輕鬆一點，
稍微再幸福一些。

我們，已經做得夠好了。
而且以後也肯定會持續下去。
雖然至今為止既痛苦又疲憊，
但日子終究會出現陽光，
我們也一路挺了過來。

因此，相信自己以後也會做得很好，
我們，試著笑一個吧。

人生既是如此，
以後，我們不妨加倍地用微笑去面對。

＾＿＾
就像這樣。

澄澈

樸實卻清麗
帶著純淨的美──

於你，
於我，

都不可或缺。

在看似光鮮亮麗的武裝背後，
隱藏著單純潔白的你。

雖然戴著帥氣的面具而倍受關注，
你的心卻籠罩於層層濃霧，
無論是自己還是他人，都漸漸忘記你那最初的臉孔。

即使不停潛逃，空虛與失落依舊猛然降臨，
劇烈的疼痛，讓你止不住抱頭嘆息：

「明明光鮮亮麗，我卻孤獨得像要窒息，
悲傷襲來，擾得我徹夜難眠。
當人們帶著欽佩的眼神，讚嘆著我的光環，
我卻覺得人生缺少了什麼，無法饜足。」

雖然基於偽裝而看似閃耀奪目，
但那光芒並非來自內心深處，
以至於真正的你其實正瀕臨枯萎。

你失去了原有的美麗；
人們喜歡的你，並非真正的你；
而真實的你正試圖撥開籠罩內心的濃霧，
害怕喪失自我，顫抖不已。

現在，放下那黯淡的虛偽光環，
以真正從內心深處湧現的光芒，
用真實面貌的清亮與燦爛，
找回那澄澈的迷人魅力，讓自己發光發熱吧！

眼前走的路

無論是錯誤的路，抑或正確的路，

唯有走遍四方的人，才能在心中擁有一幅遼闊的地圖。

如果總是執著於康莊大道，

這世界又如何能被完整描繪？

是啊，為了完成地圖，

總是要走過艱難與險阻的挑戰之路。

因此，對於眼前的道路，無須感到遲疑。

因為這條路，

將會在心底畫出更寬闊與溫暖的地景。

說不定，也能更了解這個世界。

也許會忽然感到害怕，

不曉得眼前走的這條路究竟正不正確，於是陷入恐懼。

不過，看著自己一路以來的足跡，
裡頭有邁出步伐的勇氣，亦有延續勇氣的毅力。
在過程裡，我們學習到許多事物，
戰勝混亂期後，也同時獲得了成長。

我不知道這條路的盡頭在哪裡，
以及站在彼端的我，是否真的能擁有什麼……
眼前一片未知，讓人無從知曉。

然而，可以肯定的是，
走在這條路上，我學到了很多，也成長了不少。

我畫出自己專屬的地圖，
是世界上任何東西都無法交換的寶物。

勾勒出的地圖，亦是我的人生。
是這世界上最有價值、專屬於我，
而且獨一無二的珍貴藏寶圖。

不要緊的，就算途中有點動搖，也真的沒關係。

說謊成性者的人生

說謊者的人生總是孤獨的，
不管是為了更受尊敬而撒的謊言，
還是為了更受喜愛而撒的謊言。

因為想得到眾人支持，你選擇用謊言包裝自己，
但世上沒有一個人能夠真正了解你。
人們喜歡的不是你，而是你的面具。
這樣下去，總有一天孤獨感會哽在喉頭，
從面具的縫隙間湧出，氾濫成淚水。
當人們看到你真正的模樣，
終究會皺起眉頭，失望地轉身離去。

倘若想得到真實的尊敬與關愛，
就以「真實的自我」生活吧！
就算偶有失誤，就算不是那麼完美，

難過時便盡情哭泣，高興時便開懷大笑，

有時也會因瑣碎的事而鬧脾氣……

但奇妙的是，這樣的人不僅能獲得尊敬，還能得到關愛。

戴著面具才能受到歡迎嗎？擺脫這種愚蠢的誤會吧！

請從現在開始對自己誠實，因為那份直率，

才是能將你從孤獨與空虛的泥淖中拯救出來的唯一繩索。

對他人坦誠，而對方也接受那份真實。

我認為，這才是緣分真正的意義。

為了勉強維持某段關係，倔強固執、費盡心思時，

「真正的自我」該有多痛苦呢？

盡自己最大的努力，認真過生活吧！

總有一天，那真誠的心與美麗的香氣，

將會為你引來真正的緣分。

強求的緣分，最終免不了幻滅。

而注定的緣分，就算你表現生疏或失誤，

也具有不會輕易崩塌的絕對堅韌。

因此，你只要懂得珍惜自我的真實面貌就好。

偶爾，感到害怕的時候

明明朝著夢想邁出步伐，
卻莫名感到害怕，
關於這點，我亦深有感觸。

假如可以乘坐時光機飛向未來，
在時空中自由往返的話，
你是否很想確認看看，
會經歷哪些挑戰，終點又在哪裡呢？

有時，對未來的不安猛然襲來，
無法確定日後的自己會是什麼模樣；
茫然的感覺動搖了信任，
雖然走在夢想之路上，卻逐漸陷入倦怠。

在恐懼與徬徨的淚水中苦惱，

迷失方向的你不斷奮力掙扎……
是不是應該放棄挑戰夢想，
回到安穩的軌道上呢？

我做得好嗎？可以勝任嗎？
憂慮與煩惱不斷增生，
眼下的時空，宛如複雜的線路交錯蔓延。

但是，你知道嗎？你已經做得很好了。
真的，做得很好了。
相信你一定能夠勝任，也一定能夠有所表現，
所以，希望你至少不要背叛自己的夢想。

讓我們選擇相信吧！
你的夢，還有我的夢，
以及我們對未來的衷情與熱愛。

假如我們的努力足以讓上天動容，
那麼，作為回禮，
宇宙將會賜予你無價的成長。

因此，讓自己拚盡全力吧！
如此一來，既不會感到留戀，亦不會徒增後悔。
那樣的熱情，本身就是一種成功，
而你，也會獲得相應的養分。
在我們的人生中，沒有什麼樣的成就，
比成長還要更加宏壯。

所以，能不能安慰自己一下呢？
你做得很好，
以後也會做得很好的。
就如此，相信自己一回好嗎？

在疲憊的情況下，
最應該安慰且相信你的，
就是你自己。
請相信自己。

此外，希望你別過於害怕，
因為，你已經斬獲了世上最豐碩的成果，
從宇宙那裡，確保了無比珍貴的禮賜——

成長，是世上最宏偉的成就。

成長，是宇宙最榮耀的禮讚。

＊＊＊

也許，有時你也會這麼想：

「行於人煙稀少的路上，內心充滿恐懼，

總覺得自己無法再邁出下一步。

整平好的安全柏油路明明就觸手可及，

我到底為什麼要繞上遠路、披荊斬棘，

讓自己遍體鱗傷？

沿著既定的道路走，就可以抵達明確的目的地，

安穩的生活也會在我的身旁展開。

我不知道，究竟為什麼要讓自己置身恐懼？」

因為，你是無法滿足於既定道路的人。

比起穩定的未來和受保障的生活，

你選擇將夢想付諸實現，是為數不多的「夢想家」。

因此，你在聚光燈下，會顯得更加燦爛閃耀；
你會從事許多人沒有嘗試過的冒險，
坐擁只屬於自己的珍貴回憶，
並以與眾不同的魅力而受到喜愛。

因此，別自我懷疑，相信自己的夢想與挑戰吧！

因為在夢想這條路上，並沒有所謂的失敗，
只有名為「成長」的豐碩果實。

後悔，也值得感謝

有人說，人生是後悔的延續，
其實也可以這麼說：生活是成長的延續。

在某些時候，我們就好像對過去陷入瘋狂的偏執，
對無數的歲月感到後悔，
揪住那在自責中斑駁、凋零的心，痛苦不已。

然而，仔細回想，
當時的你其實別無選擇，
那已是你能做出的最好決定。

如今，一切變得不同了。

你心中的容器已更為寬廣，
能裝進更加美好的事物，

藉此做出更臻完善的選擇。

你之所以感到後悔，正是因為經歷了成長。
後悔，是成長的證明，值得你去感謝。

當悔恨的風暴襲捲內心時，
當猛烈的思緒，彷彿將你的一切撕成碎片時；
因為無法接受過去的選擇以及導致的結果，
忍不住搖頭嘆息，在鬱悶中彷彿被撕裂，
滿載後悔而放聲大哭，難以直視前方時，

請告訴那因為愧疚而傷痕累累的心，
因為悔恨而狼狽不堪的心：

「好痛苦，真的很厭惡當時做決定的自己，
可是，謝謝你借助那些失誤的經驗，
一路成長至今。」

在人生這座學習與經驗的修羅道場，
我們總是會不斷後悔。
然而，後悔有多深，

就代表我們經歷過多少成長。

因此，沒關係的。
若未曾後悔，便絲毫談不上成長；
待暴風過境，你會變得更加堅強。

過去經歷的所有時間，造就了現在的你。
無論那些時光，
是讓人不願再記起的怨恨，
是撕心裂肺般的苦痛，
或是光回想就忍不住笑顏逐開的歡樂與幸福……
它們，形塑了如今的你。
是無比珍貴耀眼，由你所走出來的人生。

不管是痛苦或怨恨，
如今回想起來，那些全是為了成就現在的我，
不可或缺的重要紀事。

因此，別讓那些造就了你的美好回憶與燦爛時光，
因為後悔而枯萎凋零。
不要再自我逼迫、陷入痛苦了。

因為如今的你，是多麼地閃亮耀眼，
是世上獨一無二、多麼寶貴的存在。

與其對那些形塑自我的重要時刻感到後悔，
不妨將這些缺一不可、燦爛又美好的回憶
完整地刻印進心裡，珍惜萬分。

這些都是成長的刻痕，也是存在的證明，
值得我們感謝。

啟動「改變」的簡單魔法

在日常裡，無數的決心與誓言，
至今為止，你已違背了多少次？

如果把今天的目標延到明天，
那麼明天的你，又會咻地把目標推遲到後天。

你能做出改變的時刻，就只有當下而已。
每個瞬間，都是創造和改變自己的機會。

假如現在又選擇了推遲，日後就會養成拖延的陋習。
但是，如果此刻的你，
可以戰勝困住雙腳的惰性、往前跨出一步的話，
你就會成為總是願意往前進的人。

因此，要懂得提高警惕，

假如總是一味地拖延，

那麼你就會在不知不覺間走完人生最後一哩路，

毫無長進。

改變的魔法其實很簡單──

思考過後就馬上實踐。

如果下定決心要做什麼，

那麼在怠惰與自我合理化等滲透內心之前，

就趕快付諸行動。

借助內心對改變的渴望，

擊退所有陳舊的習慣以及隨之而來的惰性，

邁出充滿意志的步伐吧！

就這樣，

一步步地成長，就能變得更加幸福。

因此，別讓眼下沉浸在惰性中、猶豫不決的步伐，

成為一輩子的躊躇。

現在就馬上咬緊牙關，邁開腳步！

那一步，

將會使你的人生產生一百八十度的大轉變，

成為充滿魔法的第一步。

假如先前有哪件事一直被推遲，

此刻不妨暫時把書闔上，

別被任何藉口與合理化蒙蔽。

希望此刻的你，可以開始跨出第一步。

倘若做不到的話，也許這輩子都無法迎來任何改變。

請一定要放手去試試看。

也許懶散的習慣已浸染成性，

回首往昔，總是感到無限的悔恨。

你埋怨著一直以來都未曾改變的自己，

反覆地自責，為此痛苦不已。

可是，沒關係的。

因為有了那些後悔、埋怨與痛苦，

你追求變化的心也將更為熾熱！

擺脫緊緊糾纏你的壞習慣，用更宏偉、壯烈的意志，

戰勝過去的懶散與惰性，邁出改變的第一步。

過去，只存在記憶裡；未來，只存在想像中。
請記住，能夠扭轉的瞬間，唯有當下而已。

請你務必銘記在心：
假如現在選擇拖延，那麼接下來也將毫無例外。
永遠這樣推遲下去的話，未來那處於生命盡頭的你，
就無法是你夢想中的身影。

因此，為了你的現在與未來，
用意志力跨出艱難的步伐，改變人生全貌，
實現你想要的樣貌，讓自己變得幸福。

此刻，咬緊牙關，踏出第一步吧！

將瀰漫在生活裡的懶散雲霧逐一揮散，
浸沐在意志力散發的和煦陽光裡，試著感受改變後的喜悅。
別再因為無法邁開步伐而自責，
更不要傷害自己，反覆墜入痛苦的深淵。

與其責怪自己為什麼做不到，
更重要的是自我引導，讓未來有所改變；
不應懷抱著罪惡感，
而是應該在愛裡闊步前進。

就算腳不聽使喚，身體沉重不已……
也要以渴望改變的意志去戰勝，
別輸掉了那珍貴的人生。

倘若現在跨不出去，就無法改變未來，
你將無法散發出耀眼的光芒，只能黯淡地枯萎。
明明是珍貴的人生，
卻落得如此可惜的境地。

所以，請在此刻跨出改變的第一步，
讓你的人生更加璀璨。

願你在黑暗裡溫柔爍亮

致倒退中的你

為了將世上的風景盡收眼底，
你需要懂得退後一步，
往遠處看。

為了跳得更遠一點，
你需要助跑的空間。

所以，現在正在倒退的你，
只是為了看得更廣，
只是為了跳得更遠。

因此，但願你別過度陷入憂鬱。

再過一會兒，
就能看見更加寬廣、美好的世界，

不要被淚水遮住視線好嗎？

再過一會兒就要起跳了，
你會停下後退的腳步，往遠方飛躍而去，
那麼，先甩開灰色的重量吧！

懷著喜悅的心情，
雀躍的心情，
激動的心情，
享受眼下的倒退。

你的後退，
將是更進一步的飛躍。

偶爾，也許會有落後的感覺，
或是很累，感覺心裡很不是滋味。

不過，沒關係，
暫時遠離眼前的現實吧，
為了看清即將前往的目的地，
你需要稍微後退一點。

這正是你落後的原因。
為了抵達正確的地點，
為了將目標再一次銘刻在心，
也為了日後能夠跑得更遠一些。

眼下的落後，
會讓你重新思考走過的路與未來的路，
在心中獲得成長。

為了那總是看著前方狂奔，絲毫沒有餘裕的你，
為了那長期以來，既壓抑又倦怠的心靈，
生命獻給你的禮物，正是一段休息與充電的時間。

短暫的休憩與放鬆，會讓你的心漸漸變得寬闊，
得以溫暖回顧一直以來疏忽的自我──
為此，你得到一份名為「落後」的禮物。

所以，請懷著喜悅的心，接受眼下的「落後」吧。

最現實的是？

在庸庸擾擾的暗灰世界裡，
有些人懷抱著紅色的浪漫夢想。

世人認為他們不切實際，
嘲笑他們一無是處，
輕視他們缺乏現實感，
更指責他們是所謂的逃亡者，
為了躲避現實，才藏身在名為夢想的避難所。

雖然許多人以為做夢不切實際，
但其實「夢想」才是最真實的。

這世界上的所有偉人們，
都相信自己描繪的夢想藍圖，

自始至終沒有放棄，一路走到最後；
那些最不切實際的夢想家，
也或許是隔絕在社會體制外的怪才。

當他們向某人說明自己的夢想時，
燦爛的眼神中帶著興奮與熱情，
如烈火般熾熱。

即使對方顯露出絲毫不感興趣的表情，
他們也依然沒有失望。
因為他們相信自己的夢，
而且從來不曾放棄。

從他們夢中流淌出來的，是許多建築與發明，
是詩歌、小說、音樂和無數的理論，
還有這個世界不可或缺的領導者。

創造出現在這個時代的，就是他們「曾經的夢想」。
因此，別再迂腐地認為做夢等於不切實際，
夢想，才是最真實的！

＊＊＊

有時，茫然的感覺伴隨著清晨襲捲而來，日復一日。
今天又該怎麼度過呢？
嘆息中夾雜著迷茫和鬱悶，
一股灰色的義務感，讓你不得不起身。

「或許，我不是活著，而是正在死去吧？」

當這樣的想法浮現，難以抵擋的空虛，讓肩膀瞬間垮下。
失去熱情的眼神只剩空洞，心臟的溫度也已然冷卻。

突然，在某個地方傳來了願景實現的消息。
夢想家炯炯有神的雙眼、朝氣蓬勃的表情，
還有那不停跳動的心臟、熾熱的心跳聲。
都讓人確實感受到他們的幸福。

雖然總是被很多人無視，
但夢想家們最終取得了亮眼的成績。

反觀因為過於羨慕而顯得落魄的你，

在毫無意義的生命延續、不帶價值的日復一日裡，
失去了活力與熱度，對生活的熱情和欲望也瀕臨枯竭。

因此，請守護最讓你悸動、愉悅，也最讓你感覺活著的夢想，
感受那不會倦怠的熱情與幸福，
在嘲笑不切實際的世界裡，確實地守護你的夢想吧！
因為那個夢，會送給你最偉大的現實。

日後的你，將會對世界如此說道：

「我之所以能夠變得偉大，是因為我懂得做夢，
而且，我從來沒有懷疑過夢想。
如今，夢想沒有背叛我，
還送給了我眼前這個偉大的現實。」

痛苦，是成長的信號

有時，刻骨的傷痛，亦是成長的信號。

面對深切的悲痛和冰冷的世界，

你在憂鬱的深淵裡掙扎。

但是不要緊的，你一定可以戰勝，並藉此獲得成長。

試煉的到來，是為了告訴你：

「跨過這道關卡，進一步茁壯吧！

這就是我找上你的理由。」

我們是透過經驗而成長的地球旅行者，

因此，請做好筋疲力竭的覺悟，咬緊牙關，

旅途怎可能一帆風順呢？

因為有痛苦，所以才有幸福。

若是缺乏兩端的對比，我們只會淪為情感淡漠的機器，

因此，為了恆久的幸福，千萬別就此倒下。
那些不期而至的苦痛，都在你足以承受的範圍。
你將踩著這些經歷，立於最高的山巔，
笑看一望無盡的美景。

為了達成目標，必須暫時度過一段艱苦的旅程。
但無須掛懷，不管遇見什麼，我們都能藉由經驗而成長。
痛苦和磨難，是生命賜給我們的禮物，
讓我們懂得照顧自己，並因此變得更加健壯。

眼下的你，或許會覺得難受，但最終都會過去的。
你會過得更健康、幸福，
帶著喜悅的心，擁抱生命裡的痛苦與考驗。
你必定能從中獲得成長，過得平安快樂。

＊＊＊

當你正渡過那條黑暗、沉悶的試煉長河，
也許會擔心自己是否走在正確的道路上。
因為走得筋疲力盡，以至於想放棄一切；
因為無從得知終點，忍不住想拋下一切。

對此，我想誠摯地告訴你：

**現在走的路無所謂對錯，
不是非得要抵達河的終點，才算是正確之道。**

在只屬於你的人生軌跡，累積只屬於你的經驗，
你將找到自我的意義與價值，從中獲得滋養。
你會跨過眼前的長河，進一步成長茁壯。

有時或許會嘗到失敗的苦果，狠狠地跌倒在地；
有時可能已竭盡全力，卻仍然無法達到預設的目標。

不過，在那些經驗裡，你不僅有所感觸，
同時也學習良多，更獲得相應的成長——
這就是試煉與痛苦所帶來的意義。

就算覺得痛也不要緊，
驗收痛苦對你的意義吧，然後，請慢慢走向幸福。

關於「恐懼」的幻想

曾經在漫畫中看過這樣的場面：

師父給予徒弟一項任務，
必須通過一條非常狹窄、兩旁皆是懸崖峭壁，
光看就讓人心驚膽戰的道路，
徒弟因此被恐懼所困，緊閉著雙眼瑟瑟發抖。

驀然想起了在恐懼中不斷發抖的你。
在那本漫畫裡，師父告訴弟子：

「假如你能擺脫現在被懸崖包圍的絕望，
想像自己走在繽紛的鮮花與樹木遍布的田野裡，
你就能戰勝恐懼，輕鬆地走過這條路。」
聽了師父的教誨後，弟子開始在腦海中想像，
並相信自己描繪出來的景象。

接著，他按照內心的想法付諸行動，
輕鬆走過那條原本連想都不敢想的小徑。

假如這條小徑位於田野上，我們根本就不會感到害怕。
恐懼就是如此──實際付諸行動後，會發現足以克服，
但若只在腦海想像，就會寸步難行，失去前進的勇氣。

萬一走著走著，跌落懸崖怎麼辦？遇到兇猛的野獸怎麼辦？
這條路荊棘叢生，如果弄得遍體鱗傷怎麼辦？

如果遇到損友，中途被拋棄的話怎麼辦？
如果挑戰到最後，反倒覺得羞愧怎麼辦？
對夢想的堅持，若是到頭來發現其實是自身過於傲慢，
且換來的不是成功，而是飢餓與艱苦的考驗時該怎麼辦？

我們經常還沒跨出第一步，就因為害怕而陷入猶豫，
想放棄眼前的道路，找找看有沒有更安全的途徑。
可是，若不承擔風險，就不會有充滿價值的學習，
也不會有經驗所賦予的人生意義，
更沒有因為勇氣而生、專屬於你的成長。

人生是地獄或天堂，都取決於你此刻的信念與想法。
你所在之地，是被懸崖峭壁包圍的羊腸小徑，
還是充滿花香鳥鳴、樹木成蔭的林間小路，
都取決於你的心態。

光是誕生在這個世界上，或者能夠像現在這樣呼吸，
此刻能夠好好活著，以後也可以好好活下去，
就已經是難以複製、令人振奮的奇蹟。
所以，還有什麼好怕的呢？
懷著喜悅的心，感受並學習於眼前展開的所有歷練，
若能從中獲得成長，即便它們讓你倍感痛苦——
也是所謂的幸福。

請相信，你走的這條路，是多麼值得感恩的獻禮，
是生命為了敦促你成長，為你準備好的珍貴寶藏。
感受生命之森給予的每一次呼吸，
一步步地踏出去，讓自己獲得成長就好。

＊＊＊

走著走著，有時也會被消極想法緊咬不放，

覺得不如放棄一切算了。
就像走在霧濛濛的陰暗沼澤裡，
因為難以預測未來而陷入鬱悶和絕望。
當恐懼襲來，你進退不得，
只能用失去光彩的眼眸，茫然地望著天空。

其實，這一切都是負面思考所創造的虛妄地獄，
創造出這些可怕人生之途的不是別人，而是你自己的思維，
那令人毛骨悚然的暗黑沼澤，也只存在於你的幻想世界裡。
因此，現在就試著改變想法吧！
用明朗的清風驅散籠罩的霧氣，
以能夠涼爽地浸濕雙腳、清澈見底的小溪，
取代那抑鬱又陰暗的沼澤。

從絕對無法滿足眼下、不幸的你，
轉變為單純對活著感到滿足，懂得享受幸福的你。
吹散遮擋你燦爛光芒的負面雲層，
從現在起，抱著感恩洋溢的心，走上幸福大道，
你將從此刻開始變得不同！

從前總是因為想法消極而眉頭緊皺，

不僅形容枯槁，眼神裡夾雜著煩躁，

對他人也造成了負面影響；

認為自己身處隨時可能墜入深淵的懸崖峭壁，

雙腿瑟瑟發抖，怎麼也無法邁開腳步——

思維改變後，氣場也會跟著轉換，

無論是人或宇宙，一切對你來說都變得愈來愈友善。

以前覺得不可能的事，現在都可以輕鬆實現。

接連不斷的幸福藍圖讓你的臉上掛滿笑容，

不僅重新找回朝氣蓬勃的活力，由此綻放出的喜悅之花，

更讓你時時散發出正能量。

倘若總是從自覺不足的角度去看待事物，

生命會讓你感受到更大的失落。

反之，若你自覺富足，

生命就會帶給你更大的滿足。

生活是地獄或天堂，

皆取決於你的選擇，以及你所追崇的想法與信念。

不要讓自己，成為阻撓幸福降臨的人。

我無法對正面臨 痛苦的你說「加油」

我也曾經感受過深刻的煎熬，
所以，對真心感到痛苦的你，
我沒辦法說出「加油」兩個字。

即使說了，苦還是苦，痛也依然還是痛。
因此，我想對你說「不要緊的」。

眼下的痛苦一定會過去。
現在的狀態，肯定會讓你領悟些什麼，
而總有一天，
你會覺得這份痛楚也是一種禮物。

因此，請你務必用稍微正向的心態、愉快的情緒，

試著去接納這份苦痛。

處於痛苦與絕望中的人，
會為了從中尋找幸福而奮力掙扎，
渴望幸福的心情，也變得更加迫切。

「出發去尋找幸福吧！」
你的身體，你的心，都在向你發出請求，
因此，你才會暫時地感到痛苦，
不要緊的。

你會比未曾經歷過痛苦的人，
找到更加切實的幸福。
不要緊，即使現在很痛苦，也一定會過去的。

相信自己將會更加幸福，
從此刻開始，請試著以正向的心態、愉快的情緒，
去感受這份苦痛。

因為痛苦的意義，
就在於此。

詢問實際處於痛苦中的你究竟遇到什麼事，
就像是種越線的舉動。

而我也知道，盲目地對你說「加油」，
對處於痛苦狀態的你沒有絲毫幫助。

所以，我想對你說「不要緊的」。
眼下的痛苦，將換來日後的成長。
因此，請你務必帶著愉悅的心，盡情地痛一場。

我，想對你這麼說：
放肆地痛一場，
沒有必要加油，也不必刻意閃躲。
就那樣盡情地感受從身體和心底湧出的痛楚，
只留下最真實的你。

淬鍊那美麗的真心，
然後，總有一天，
切實地感受到幸福就好。

真的，這就是全部了。

總有一天……

只有那些總是緘默不語的人，
才能於最終聲震人間；
只有那些長久如雲漂泊的人，
才能於最終點燃閃電。

「誰終將聲震人間，必長久深自緘默。」
——弗里德里希‧尼采（Friedrich Nietzsche）

以耐心默默等待時機到來，
唯有學會忍耐，才能迎來光明。

如同陷於浮雲之間的鬱悶時光，
是生命為了考驗你的真誠，
測試你是否具有突破雲層、發光發亮的資格，
所喬裝而成的一場試煉之禮。

因此，你要記住──

為了實現目標，為了點燃閃電，
必須度過一段倦怠與沉潛。
如今的你，只是暫時徘徊在雲層間罷了。

忍耐，是為了讓你日後的人生變得更堅強。
為了體會安穩的幸福，懂得成熟與穩重，
就必須完全挺過眼前的混沌時期。

不要緊，無須過於介意，
一直以來你都做得很好，已經做得相當足夠了。

為了成為更加亮眼、帥氣的存在，
你只是稍微晚了一些，
感到些許鬱悶也是正常的。

但請記得，如今擋住你的雲朵，
都是讓生命得以蛻變的禮物──
為此由衷感謝吧！

願你在黑暗裡溫柔爍亮

守護自己
遠離恐懼

「不必對誰感到畏懼，
假如你害怕某個人，
就等於是把支配自己的權利，
交到了對方手中。」
——赫曼‧赫塞（Hermann Hesse），《徬徨少年時》

認知到恐懼有多麼強大的人類，
有時會以天生的奸詐與卑鄙，
盡情利用因害怕而瑟瑟發抖的人。

因此，對某段關係感到畏懼，
就相當於是貶低自我價值，
讓自己隸屬某個人，所獲得的將不是尊重，
而是有意無意的利用與支配。

從來不曾如此，讓自己陷入毫無自尊的泥淖，

甚至落得遍體鱗傷。

不停地察言觀色，為了滿足他人的心意而付出關心，
但你的純真卻被悽慘地踐踏，感覺自己跌入谷底。

你的關懷不是發自內心，
親切與微笑也缺乏真誠。
總是有著如履薄冰般的恐懼，擔心對方討厭自己。
這種無謂的擔憂，導致各種虛偽與掙扎產生。

你失去了原本的色彩和溫度，
試圖降低自尊感，只為了讓別人覺得你是個好人。

對於你的親切，剛開始對方會表示感激，
但隨著時間流逝，持續的親切將變成一種理所當然。
由於你的關懷來自於戰戰兢兢的眼神，
對方也會基於熟悉感而隨便待你。

所以，從現在起應該守護自我的價值，
不再透過他人的角度看世界，
而是以自己的標準去過生活。
果斷拒絕不合理的事物，

以品格蘊含的深邃香氣，以信念散發出的成熟與深度，
擺脫利用與支配，建立雙方互相尊重的關係。

＊＊＊

若是無法訂立自己的標準，
如今的你，只不過是他人的傀儡。
你的心中沒有自我存在，
唯有沉重的空虛感。
透過人生旅程所建構的個人價值，
隨著時間逐漸散逸、消失，在不知不覺間蒸發殆盡，
原有的色彩日益斑駁，存在感消逸，只留下灰暗的色調。

一開始，你是你、我是我，
如今，我不知不覺變成了「你眼中的我」。
總是擔心別人怎麼看我，心裡戰戰兢兢。
不知不覺間，最初的尊重消失了，
你的關懷與親切變得理所當然，
你消滅了自我，任由「他人」支配與利用，
而你的自尊，就這樣被無情地踐踏。

從哪裡開始出錯了呢？

為什麼人們會如此無視我？

為什麼他人對我提出要求時，會變得如此不客氣？

為什麼我的親切與關懷，竟變得如此理所當然？

這一切，都源自於你內心的恐懼。

因此，從現在起，別再對任何人感到害怕，

因為你並非毫無價值，無須看他人臉色，

因為你是這世上獨一無二的存在。

不要擔心別人如何看你，無論他人怎麼想，

都不要緊。

相信我，請盡力守護自己原本的模樣，

以自我守護的堅決立行於世。

不要期盼來自他人所認定的善良，

而是出自內心、想施以援手才主動給予他人關懷。

不要害怕別人認為你不好，

而是用你自己的尺度，來界定是與非。

不要害怕拒絕他人就會被討厭，為此優柔寡斷，

覺得 NO 就勇敢地回絕，認為 YES 就答應對方的請求。

別再讓他人主宰你的生活。

你的價值與意義，將透過人生這趟旅程構築出你的模樣。
你的光彩、色澤、存在的香氣，
以及懂得自我珍惜的自尊感高度，都由你來決定。

你的存在，原本就是如此美麗，無須恐懼。

捍衛專屬於你的色彩

是從什麼時候開始的呢？
我們的心變得如此慘澹，被抹得灰暗無光。
彷若自暗灰中飄落著空虛的雨滴，
瀰漫著霧霾的那片天空。

當專屬的個人色彩與固有觀點被強行抹去時，
若是我們無法保護自己，就會失去個人的光彩與色澤，
接下來，只能在褪色無光的世界裡，空虛地踽踽獨行。

籠罩在世界賦予的意義、世界賦予的生活方式，
以及世界賦予的價值之中，
你是否有好好地捍衛自我呢？

或許，我們都背棄了自己的本質，
不斷地察言觀色，只為了博取他人的喜愛，

成為了世界想要的模樣，演著人生這場戲。

「連我也不愛真正的自己。」
靈魂徘徊在黑暗的深淵，因為受傷而痛苦不已。

不知從何時起，你的顏色悄然消逝，
就那樣失去了原有的個性，
莫名的空虛瀰漫，
你和我，有如機器般地，日復一日。

「好痛苦，我不曉得自己為什麼活著，
內心的某個角落彷彿被掏空。」
失去了活下去的理由與意義，
你正在瓦解，瀕臨崩潰。

求求你，請相信自己的顏色，並善加守護。
無所謂對錯，你只是與別人不同罷了，
但正因如此，你才會顯得更加燦爛奪目。
請一定要珍惜、熱愛這世上獨一無二、
專屬於你的個人色彩。

有些人珍惜著自己與生俱來的色彩，

比起陷入羞愧，他們反而感到自信又坦蕩。

與其用「另類」來形容那些人的「不同」，

不如說是一種獨特的「魅力」，

他們將以那股魅力自我守護，進而受到世人的尊敬與愛戴。

我們和他們的差異，

就在於是否懂得珍愛自己原本的樣貌，

亦即，有沒有所謂的自尊感。

因此，請試著珍視並愛惜你與生俱來的色彩吧！

因為害怕被拒絕，不敢對他人說不，

所以你自我欺騙，處處迎合，

至今為止，你該有多疲憊和痛苦呢？

如今，請在灰暗的世界中守護自己，

珍惜、熱愛屬於你的顏色。

以鮮明的狀態迎向世界，

不是放蕩不羈的荒誕，而是與眾不同的魅力。

請你，以自己最真實的面貌去愛人與被愛。

如果神只用灰色畫出彩虹，
我們就無法感到驚嘆。
紅、橙、黃、綠、藍、靛、紫，
當所有顏色相聚之時，彩虹才會如此燦爛奪目。

為什麼你至今還沒有發現，
原本的你就已足夠美麗了呢？

領悟這些道理的過程，苦痛無可避免，
也可能面臨崩潰。
然而，曾在刻骨的空虛中嘆息、經歷過痛苦，
才會為了尋求變化而掙扎。

沒關係的，現在沒事了。
拍一拍痛苦的心，告訴自己沒關係。

此刻開始，別再否定你的真實面貌，
別再迎合他人的標準。
因為現在的你，已經足夠閃耀，足夠亮眼，
請勇敢捍衛個人色彩，熱愛真實的自我吧！

痛苦，將使你更為璀璨

無論你現在正經歷何種考驗，
容我誠摯地這麼說：
有此歷練，將會讓你變得更加強韌。
所有的痛苦，都是為了你的成長。

人的心思狡詐又懦弱，
只要過得和平安穩，就會忽略自身的成長。
為了喚醒你那被惰性浸染的心，
磨難因此找上門來，
提醒你未來還有很長的路要走，
你有資格享受更大的幸福，你還會遇到更好的人。

痛苦的經歷，會擴展你的標準與眼界，
你將見識到更美麗的事物，
體會何謂真正的幸福。

眼下的難受，都是成長的獻禮，
因此，請以喜悅的心加以擁抱吧！

＊＊＊

從少年時期的青澀，到成長後的沉著穩重；
從狹窄的標準，到寬闊的眼界。
為了讓更美好的世界映入眼簾，
我們必須承擔苦難，接受考驗。

偽裝成傷痛的禮物，其實正在倒數計時，
請收起那打算放棄一切的逃跑念頭吧！

為了你的成長和幸福，請一定要暫時忍下這份苦楚，
別選擇逃避或忽視，請勇敢地面對，並戰勝它。

「別難過，只要逃跑就可以免去痛苦；
找一條不會受傷的路，輕鬆地走下去；
選擇安穩的生活就好……」
我一點也不想這樣安慰你，
因為只要走過傷痛，你就一定能變得更幸福。

請相信，這一切都是神為了將你形塑成更耀眼的存在；
帶著愉悅的心情，徹底地痛一場吧！

你那變得深邃的眼眸、日漸寬廣的心胸，
本身就是至高無上的美麗。
為了讓你帶著微笑，站上那個不曾戰勝、
甚至連望都不敢望一眼的世界，
「痛苦」的愛緩緩降臨——

再此懇求你，務必，以喜悅的心情領受。

請好好撫慰自己

當朋友失戀時，你告訴他：
「沒關係，分手是為了遇見更好的對象。」
輕拍他給予安慰。

當朋友失去生活的目標，覺得徬徨無助時，
你告訴他：
「沒關係，曾經迷失過，才能找到真正的夢想。」
勸他別心急，好好享受生活，
為他注入能量，提醒他「這就是人生」。

當朋友滿臉疲憊地來找你時，
你會抽出時間聽對方訴說煩惱，
然後一起喝杯酒送走今天，
在身旁給予關懷與陪伴。

但是，當你自己崩潰的時候呢？

失戀時，
你茶不思、飯不想地抱頭痛哭，
不斷責怪、埋怨自己。

徬徨時，
你無力地仰天長嘆：
「我這個人就是這麼沒用，不曉得為什麼還要活著。」
總是以這種方式自我責備，讓自己更加倦怠與痛苦。

疲憊時，
哪怕只有一次，你也不曾好好陪伴過自己，
讓心靈獲得撫慰，重新找回力量去面對。

從現在起，當你感到疲乏與倦怠時，
請好好地安慰自己吧！
陪自己看場電影，吃頓美食，讀一本能獲得充電的書，
或者聽聽音樂，盡情睡個午覺……
然後對著鏡子裡的自己微微笑，
告訴自己：「沒關係。」

真正疲憊的時候，你能依靠的，
不是他人缺乏安定感的懷抱，
而是讓自己成為自己永遠的避風港。

從現在開始，請好好地安慰自己。

＊＊＊

「沒關係」這句話，對別人說出口很容易，
對自己卻難以啟齒。

你的心，青一塊、紫一塊地傷痕累累，
卻放任傷口日漸惡化，
持續逼迫、折磨著自己的心。

經歷那些痛苦的時期，你的心懇求你停下來休息，
但你卻從未豎耳傾聽，連片刻的餘裕也不肯應許。
你在自責的泥淖裡苦苦掙扎，
在令人窒息的孤獨深淵裡，
任憑責怪與悔恨掏空心底。

試著告訴自己吧！
沒關係，真的沒關係。
從現在起，請不要只安慰他人，
也要懂得撫慰自己。

不再等待他人的救贖，而是以溫暖的懷抱自我治癒。
為此，你要懂得撫慰自己。

「不要緊，就算覺得痛也沒關係。」

Don't try

這是查理・布考斯基（Charles Bukowski）[*]的遺言，
也是刻在他墓碑上的文字：
Don't try ──別費心了。

不必費心的人，不必費心的事，
這是個重要的課題。

所謂的「不勉強」，就是不必花費心思，
只單純基於喜歡而碰到的人和事。
不會因為沉默的氛圍太尷尬而硬要找話題，
相處起來輕鬆且自在的對象。

* 德裔美國詩人，小說家和短篇小說家，《時代周刊》（*Time*）稱他為「美國下層
階級的桂冠詩人」（laureate of American lowlife）。

不是一邊搖頭一邊猛灌咖啡、
頂著壓力勉強從事的工作，
而是出自真心地喜歡，且樂在其中。

假如你身邊有這樣的對象，又或者找到了類似的事物，
請務必善加珍惜，千萬別錯過。
因為，那就是所謂的「命運」──
命定的緣分與事物，就出現在你眼前。

偶爾覺得情況複雜時，
請對自己說：

Don't try，別費心了。
即使你不勉強自己，
世界依舊會照常運轉，
你的日子也會繼續過下去。

你現在經歷的挫折與磨難，
歸根究柢，是因為命運還未到時候，
所以這是你必須通過的試煉。

生命總是帶給你正向的事物，
只為你準備必要的東西。
為了讓你學會謙卑、達成下一個穩固的目標，
眼下的失敗是必經過程。
因此，Don't try，別過於費心了。
世界仍舊在運轉，你的日子也會繼續過下去。

不必費盡心思，過於勉強自己。
如果是命定的緣分，自然會得以相遇；
如果是命定的緣分，自然會專屬於你。

因為背離了命運，所以某些人和事，
才會從你的生活中離去。

為了跟上世界的急流，
你，該有多麼地疲倦？又是多麼痛苦和倦怠？

Don't try，
從此刻起，別太費心了。
面對無情襲捲而來的湍流，
你極力想抓住些什麼，

卻因為碰撞而痛苦不已，受傷的腿瑟瑟發抖。
明明那麼努力想抓住，
但某些人和事，最終依然揚長而去。

當你被冰冷的雨水拍打得全身濕透時，
請試著提醒自己：

「沒關係，為了遇到更好的緣分與事物，
過去的就讓它過去。
如今已然領悟，就此放手吧。」

傾聽、擁抱，就已足夠

如果某個人陷入低潮，
向你訴說自己的故事，
請你只要靜靜地聆聽就好。

我想，對痛苦的人來說，
最殘忍的就是高舉一把批判的尺。

因此，請注視對方的雙眼，
側耳傾聽，給予安慰。

比起「加油」兩個字，
不如說聲：「很累吧？」
然後緊緊擁抱對方。

請不要擅自將他人的痛苦定義為懦弱，

不要用質疑的語氣，蔑視他人的倦怠，
只要靜靜地聆聽就好。

處於痛苦之中的人最需要的，
不是任何的建議或安慰。

只要靜靜地聆聽，
給予對方一個溫暖的擁抱。
他們需要的，僅此而已。

真正的結伴同行

雖然總是被人們包圍，但淒涼的感覺仍不時來襲。
覺得自己彷彿被徹底孤立，
悲傷的眼淚與沉重的憂鬱讓人難以負荷。
以顫抖的雙腿走在危機四伏的人生旅途，
你感覺既冰冷又孤獨。

明明和某個人在一起，
內心深處卻總是感到孤獨與寂寞……
因為，你們之間缺少了真誠的共鳴。

面對面交談時，
對方只是裝出聆聽的模樣，心裡卻想著其他事，
或者不斷在腦海中模擬接下來的話題，
未曾把焦點集中在彼此身上。

缺少了共鳴與專注，
即使相處在一塊，也會激起落單時的孤獨，
讓我們的心變得淒涼與寂寞。

因此，從現在起，發自真心地傾聽吧！

豎起耳朵，凝視對方美麗的雙眸，
讀出表情與聲音蘊含的絲絲情感。
認真傾聽的態度，會拯救我們遠離空虛，
填滿內心，並帶來慰藉。

倘若現在身邊有同行的對象，
請為對方傾注你的真心。
向對方投以共鳴與專注，
成為他人生中獨一無二的存在與安慰，
以真誠滲透對方的心。

由你開始付出真心的話，
對方會感到被珍惜與尊重，
而為了報答那份心意，
他也會竭盡全力地付出。

一段原本莫名令人感到空虛的關係，

透過彼此真誠的連結，

將得以跨越差異，團結一心。

遇到開心的事情時一起歡笑，

碰到難過的事情時一起悲傷——

如此單純卻難得的真實共鳴，

令人迫切渴望。

只要有這樣一個人存在，

就能感受到莫大的安慰與踏實，

擺脫孤獨的苦澀，

將同行時的盛景裝進心裡。

因此，從現在起，

擺脫「在一起卻很陌生」的冷漠與疏離，

以真誠的共鳴與專注互相連結，溫暖地攜手同行吧！

極度的專注，真誠的共鳴。

以此為基礎的親密連結，

緩緩融化「同處卻依然感到孤獨」的冰冷悖論，

讓我們對彼此充滿真心。

孤獨真正的解方，
不是沉迷於光鮮亮麗的打扮、不著邊際的空談，
或是虛情假意的圍繞與追捧，
而是某個人發自內心的溫暖與真誠。

有人願意傾聽我的心聲，
而我也願意聆聽對方的故事。
如此踏實的依靠，
讓原本孤獨的日常獲得慰藉，逐漸豐富多彩。

成為理解他人的光芒

這個人如何、那個人怎樣，
有時，你會用自己的標準來評判他人。

我們永遠不會看到自己未知的事物，
換句話說，這種評判他人的態度，
說到底還是自己內在的傾向之一。

因此，請銘記在心：
在他人的心裡，
可能存在許多你未知的面向，
所以有時你的判斷，僅僅是「完美的誤會」。
無論何時，都要有願意承認錯誤的謙卑之心。

你只能從自己的角度出發，
因此，你永遠無法完全了解他人的一切，

你一貫的判斷，僅是畫地自限的傲慢。

其實，做出判斷的瞬間，
並非任意批評他人的機會，
而是一次可以領悟到自己內心極限的良機。

這個人不成才、那個人不成器，
這種批判的態度，
不會使原本就燦爛耀眼的對方變得黯淡無光，
只會讓看不見對方優點的自己變得醜陋拙劣。

每個人都有各自的命運，
傷痛、境遇、深淺各不相同。

用眼前看見的片段，
去論斷他人漫長的人生旅途，
隨意踐踏對方的生命價值，
是過於膚淺、幼稚與驕橫的態度。

每當產生類似的想法時，真正醜陋的
不是被你批判的對象，而是你的心——

請牢牢記住這一點，並將此當作自我省察的機會。

今日一整天，你對他人產生的負面想法，
就像是從生命中獲得的成長課題。

對方因為某一點惹人厭——這樣的負面思想，
能讓你反過來看見自我的負面觀點，
然後意識到自身的不足，變得謙遜與寬容。
這是一份成長的禮物，讓你更為成熟、溫暖與友善。

現在，請放下你用狹隘的標準去批判他人的驕傲姿態。
高舉一把批判的尺去丈量他人的缺點，
受傷的不只是光彩奪目的對方，
也會使你那原本寬大、柔軟的美麗心靈連帶蒙上陰影。

在生活中沾染的虛偽信念，
如烏雲般一層一層地擋住陽光，
遮蓋你純淨的心靈，讓你失去了愛的光芒。
你經常向著世界做出論斷，不再是原本的自己。

傲慢奪走了你的純真，

就這樣，你失去光芒，在圍繞著自己的陰鬱雲層中掙扎，
你侵犯了神的權利，因為擅自評判他人而陷入罪惡，
遺失了最初的自我，也傷害到他人。

因此，現在請用「理解」這樣溫暖又深邃的光芒，
驅散那些遮蔽純真的傲慢雲朵，尋回真正的自我。

每當批判他人的想法逐漸浮現時，
請捲起心中那層層堆疊的灰雲，
找回那曾經溫暖、柔和且亮麗的光芒。

當批判與謊言被溫暖的光線融化散去，
以充滿理解的愛之語重新裝填，
你會發現自己是如此地閃亮、耀眼。

如今，終於明白了──
眼下的世界其實已非常美麗，
誰也沒有資格任意批評，
毀去這樣的美好。

你的成長，已足夠完美

假如，人生在世的理由，不是為了擁有什麼，
也不是為了成就什麼，一切只是為了成長的話，
那麼，我們的人生，
就沒有所謂的失敗或不完整。

透過眼下的考驗與傷痛，
我們正在實現「成長」這唯一目的。

所以，即使覺得痛也無妨，
就算有些難過、有些猶豫，
或者因為害怕而不敢踏出去，
這些都很正常。

我們正在攀爬的這座「成長」之山，
無論身處何種高度，都擁有秀麗的景致。

低處有低處的絕景，
高處有高處的奇觀。

因此，每個人在各自位置上所見之景，
皆是無法衡量、亦無法比較的「原生」的美麗。

正往山行邁出步伐者、
距離山頂只剩一步之遙者、
插好旗幟準備下山者……
有數不清的人分布在這座山的各處，
而重要的是，我們都在成長之路上邁進。

因此，看見高高在上的人，我們沒有必要感到自卑；
已經登頂之人，望著現在才開始跨出第一步者，
也不必因為領先而驕矜自滿。

所有人都在成長，
你在只屬於你的道路上前進，
而我也在只屬於我的道路上前行。

即使俯瞰同樣的風景，感受也截然不同；

眺望同一片景色，領悟的程度也各有差異。

因此，身處的位置高低絲毫沒有影響，
你正在推進自己的成長之路，
而我也正在實踐自己的成長旅途。

只要細細品味眼前身處之地
所帶給你的美麗、體悟、經驗與成長，
在專屬於自己的旅程中，朝著自我設定的頂峰前進，
那個方向，本身就是最美好的禮物。

我們透過各自的生活經歷，
發現不同的人生意義與價值，
所有人都在為了自身的成長努力前行。
因此，每個人的生命，原本就既完美又燦爛。

為了蛻變與成長而生的我們，有時會忘記原本的目的，
踏上追求其他事物的錯誤道路。
即便如此，失誤所帶來的痛苦，
也會讓我們重新想起目標，
指引我們將「成長」這個存在的唯一理由銘記在心。

所有的事件、情況、考驗與條件，

無論以何種方式襲來，你一定都會因此成長，

那也是我們唯一需要追求的目標。

因為那樣的成長，

讓你、我和我們，

在人生的任何時刻，

於生命的任何支點，

都能散發出原有的美麗與光彩。

＊＊＊

有時，我們會覺得某人領先太多，自己卻過於落後。

於是，我們羨慕那些與自己身處同一座山且即將攻頂的人，

嫉妒導致內心日益焦急，

似乎所有的一切都瀕臨崩毀，心裡既難過又痛苦；

接著，又開始擔心自己能不能做好，為此陷入恐懼。

但是，你有屬於自己的旅程，

在這趟旅程裡，你正一步一腳印地

證明自身的存在與生命的意義。

回頭看看那些忙著與他人競爭時錯過的風景吧！

綠樹在微風中緩緩搖曳，

五彩繽紛的花朵盛放，向你展露笑顏。

仔細聽聽那些忙著與他人比較時錯過的聲音吧！

鳥兒嘰嘰喳喳的低語、擦肩而過的風嘯，

以及足下與地面接觸時摩擦出的沙沙聲響。

有些風景和聲音，只有你才能看到或聽見，

也只有你，才能在其中賦予價值和意義。

眼下朝著山頂踏出的每一步，

都將為旅程染上你專屬的色彩與價值。

當某天抵達屬於你的巔峰時，驀然回首，

將發現此時此刻，其實是世間最美好的獻禮。

因此，現在即使稍微落後一點也無妨，真的不要緊。

真
實
的
感
性

比起精於計算、能夠快速區分自己需要與否，
並根據條件與情況行動的「理性」之人，
我更偏好所謂的「感性」。

亦即，懂得豎起耳朵傾聽他人的難處，
用溫暖的理解來傳遞安慰，而不是滿腹的冰冷算計；
比起目的與成就，也更加重視過程與方向。

這種個人鮮明的原則與色彩會成為一種魅力，
隱隱散發出獨有的溫暖氣場。

人際關係不是建立在自身的欲望之上，
而是在相處時，盡自己最大的努力去傾聽，
以擁抱來理解他人的故事與傷痛。

像暗夜裡那唯一耀眼的月光，
照亮這缺乏共鳴、孤獨、令人顫慄的世界。

比起外表，他們更重視內在。
因為知道他人處於困境時，真正需要的唯有傾聽，
所以他們會藉由真誠的聆聽，
填滿對方內心的寂寞與空虛。

＊＊＊

你是否也陷於無意義的閒聊與反覆的嘮叨，
內心變得空空蕩蕩，卻不知真正的原因何在？
沉溺於世俗的價值觀，讓自我陷入更大的空虛，
就算察覺自己病入膏肓，也選擇再三地逃避。

再一次地武裝外表，內在日漸貧乏。

空虛的內心令人痛苦，導致話愈來愈多。
雖然試圖用美食、華飾、豪宅與名車來武裝自己，
但諷刺的是，
愈是如此，內心就愈感到空無一物。

而真實的感性是這樣的——

不會藉由詆毀他人來撫慰自己空虛的心，
而是用深度的沉默與寂靜來堅守個人信仰。
不再追求絢麗的裝飾與打扮，領悟錯誤思維所造成的虛耗，
知曉唯有內心變得健康，生活才會趨於豐饒與幸福。

如此逐漸變得寬容、成熟與溫暖的你，
將得以從壓力與心靈的侷限中釋放，
活在一個只要下定決心，不管什麼都能輕鬆實現的世界。

那些受你的氣質和魅力吸引而來的人，
不是單純希望有人陪在身邊就好，
而是打從心底覺得非你不可，
總是想念你那深邃的眼神與暖心的傾聽。

殘忍和粗暴的人，對你而言有其軟弱之處；
冰冷無情的人，在你面前止不住淚流滿面。
充滿嫉妒與競爭之心、總是想牽制他人者，
反倒能與你共享資源，真心希望你過得好。

空虛的痛苦，
是心靈讓你找回自我的紅色信號。

你並非基於需求而付出，
不是表面的虛情假意，而是敞開雙臂，
讓對方得以掏出心底那難以啟齒的真情，
展開深度的對話與心靈的交流。

就這樣，你的存在，在他人眼裡成為了珍貴的寶物，
是如皎潔明月般，驅散陰鬱和黑暗的存在；
是傾聽和撫慰眾人的傷痛，
在各種矯情與虛偽中，唯一能夠成為安慰的存在。

真正的魅力，不在於我擁有什麼，
而是存在的本身就足以對他人造成吸引。

從被世界主宰的你，到你所駕馭的世界——
這才是，真正的自由。

＊＊＊

試煉像迷霧般籠罩，此時此刻的我跌跌撞撞、踉踉蹌蹌，
看不清前方的路，不知道自己該前往何方。
步伐遲緩又沉重，方向茫然。

不要緊的，現在的痛苦與疲累都會過去。
這些必須經歷、承受的過程，
是為了讓你領悟真實感性的重要性，
找回個人原有的色彩、氣息與特質；
為了讓你將積累下來的痛，
與冰冷的虛偽態度一起傾倒乾淨，
獨留真實而濃烈的感性。

把冷酷無情轉化為溫暖體貼；
擺脫思考狹隘所引發的判斷與偏見，
走向自由與理解；
將只圍繞在形式上的空虛對話，
導向真情實意的內在交流；
從執著於外表武裝、瀕臨危機的虛假自我，
轉向信念堅定，真實且自在的本我。

空虛的痛苦，
是心靈讓你找回自我的紅色信號，
唯有你感受到痛楚，才會開始尋找真正的自我。
為此，你必須經歷眼前的困境，
感受過這嚴密深沉的空虛與孤獨。

走過眼前的難關，

如今，試著找回自己的真實面貌吧！

但願你不要被這些必經的苦難擊潰，

能咬緊牙關撐過去，

找回心底那遺失的感性。

真正的風采

覺得自己身材矮小、外貌欠佳，

認為自己的家境不如他人優渥……

這些想法，會把你牢牢困住，

讓你的自信漸趨低落，

在自卑的認知裡陷入痛苦與迷茫。

請相信，

即使被膚淺的觀點束縛，覺得自己渺小不已；

自認外貌不夠亮眼，信心跌落谷底，

但原本的你，其實既漂亮又帥氣。

人生在世，

我們應該追求的真正風采，

是發自內心的優秀品格。

一閃而逝、不切實際的欲望所帶來的，

只有虛偽之人的假意尊敬與奉承。

假如總是用「物質」這種外在的價值來武裝自己，
一旦物質減少，自我的存在感也會跟著下降，
無法與他人進行真誠的交流，
最後只能活得戰戰兢兢，在空虛的人生中苦苦掙扎。

即便你知曉其中的孤單與寂寞，
卻還是要一頭栽進那樣的世界嗎？
仔細聆聽自己的心聲吧，
聽聽那不斷朝你呼喊的懇切之音。

當你不懂得追求真正幸福的人生價值時，
你的心會因為空虛而感到痛苦，不停對你呼喊：
「請為了真正的幸福而活吧！」

人生的價值，不應隨著外在條件高低起伏；
真正的幸福，不會受外部環境而有絲毫動搖。
獲得自由的唯一途徑，
就是懂得珍惜自我的真實面貌，
亦即沉潛於內在的高貴品格——「自尊感」。

內心堅定的人，擁有從容深邃的眼眸，
以及從信念中流露出的溫柔、親切與微笑。
帶著那樣的眼神與笑容，加上勤儉的生活態度，
就算一無所有，身上只披著一塊破布，
也足以讓萬人景仰。

德蕾莎修女、甘地以及歷史上的許多偉人，
之所以能獲得大眾真誠的敬重與喜愛、
打動我們的心、發揮正面的影響力，
不是因為擁有出眾的外貌或財富，
而是因為他們懂得以成長為目標，成就了內在的完整。
此外，他們時時刻刻都發自真心地熱愛生命，
其內心的豐美，贏得了人們的愛戴與尊敬。

不是追求冰冷的物質條件，而是真誠地過生活，
因此，他們為大眾的心靈帶來深刻的感動，
用愛撫慰、治癒心底的創傷，
將生活方式和價值觀導向溫暖的方向。
於是，他們被賦予了「偉大」這樣的形容詞。

請重新找回過去一直被你忽略的真正魅力吧，

閉上那雙追逐富貴榮華的眼睛，
改以內心的清明，看看這個世界的美麗。

當世界面臨變化，萬物盡逝時，
你唯一能擁有的就是自己的心，
以及在這個世上成長的生活方式。

請別再沉迷於世俗的價值，
找回內在的真正魅力，
讓真實的氣息瀰漫在他人心底，
讓自己的存在足以受到尊敬，過著美好的生活吧。

但願你能尋回被世界奪走的幸福與自由，
不再為塵世的價值觀所動搖。

世人雖然都希望你成功，但我卻盼望你變得茁壯。
雖然都說真正的成功是享有財富和名譽，
但我卻認為應該要領悟那些看不見的價值與意義，
擁有不被撼動的幸福，享受一路成長的人生。

世人雖然覺得你乏善可陳，
但我卻認為現在的你既優雅又帥氣，
原本的模樣就已充滿了耀眼的光芒。

世人雖然勸你不要投降，但我想告訴你跌倒也沒關係，
這段過程，反而能讓你變得更幸福。
要過上怎樣的生活，選擇權皆操之於你。
仔細傾聽內心的聲音吧，
無論何時，你的內心都早已有了答案。

不管你做出什麼樣的選擇，
都會有所體悟與學習，藉此成長茁壯。

總有一天，你會尋回自己真正的風采，
過上幸福美滿的日子。

成為日益成熟的大人

當痛苦與試煉的波濤襲捲而來，

將你堆好的沙堡吞噬殆盡，

連一點痕跡也沒有留下……

一定既痛苦又煎熬吧？

你像是被擊潰了一般，癱倒在地，

心情鬱悶，淚流不止。

究竟該如何生活下去呢？實在毫無頭緒。

沙堡崩垮，而你也隨著浪濤粉碎瓦解。

當一切都不再具有意義時，

究竟該如何生活下去呢？

到底要怎麼做，才是正確的？

如同一顆沙子被捲進浪濤裡，

現在的你雖然被擊垮，摔得渾身是傷，
經歷了痛苦、碎裂一地，
但這些，都是為了讓你的內心足以承載苦痛，
融入蔚藍的大海，重新擁有一次不同的生活。

這樣就足夠了。
你因此得以掌握海浪的高度，理解人生的深度，
你的世界也愈來愈寬廣而深邃。

碎成一地的你，因為經歷過傷痛，
得以擺脫過去待人時毫無誠意的敷衍態度，
改以真誠的共鳴、發自內心的理解、溫暖的眼神，
設身處地地體會他人的痛苦。

浪濤在烈日的照射下有了溫度，
激盪出溫暖的理解與包容。
逐漸上升的溫度成為慰藉，
滲透到他人的痛苦裡，給予激勵和擁抱。

現在的痛苦、崩潰、破碎與孤獨，
以及熱切期盼某人的安慰與共鳴卻不得，

都將讓你反省過去未曾對他人付出真心的自己，
成為一個懂得換位思考的成熟大人。

看見愈來愈成熟的你，
人們會這麼說：
「我以前沒發現，你真的是個很帥氣的人呢！
和其他人聊天時沒什麼感覺，
但和你對話時，覺得既溫暖又有深度，
你真的和其他人不太一樣。
以後我覺得難受時，還可以再來找你嗎？」

你將成為如此讓人依賴的存在——
能夠擁抱他人的傷痛，尊重個別的差異，
放下偏見與標準，設身處地為旁人著想，
成為真正給予理解與慰藉的存在。

從放大檢視他人的缺點、在背後指責與謾罵，
到現在可以說出：
「不過他在某方面不是表現得很好嗎？」
看見他人的優點並給予支持。

過去的你，會因無法忍受他人的失誤而大發雷霆，

口不擇言地踐踏對方士氣；

如今，你能夠鼓勵對方：

「人本來就有可能犯錯，不經一事、不長一智，

哪有人從一開始就完美無缺呢？

以第一次來說，這種程度算做得很好了！」

你開始懂得以人性化的角度看待失誤與成長的美麗，

給予對方稱讚，成為鼓舞他們的存在。

就這樣，你日益成熟。

為了稍微與他人有些不同，

為了稍微比他人再溫暖一些，

為了稍微比他人更寬容一點，

為了比他人成為更深刻一點的存在……

因此，你必須經歷重生的過程。

不是為了讓你失望而否定你的能力，

或是讓你知道這世上有多苦；

而是希望你能成為世界上為數不多、

與眾不同的存在。

因著這股期許，浪濤才會將倦怠的你捲入懷裡，
也因此，把你給擊潰。

有些時候，當你堆起來的沙堡
被浪濤衝垮，你會切身地感受到何謂「絕望」。

而就在此刻——

你成為了一粒沙子，融入蔚藍的大海裡，
逐漸變得謙遜與成熟。
所以，眼下就算覺得難受也不要緊，
一切都會過去的。

願你在黑暗裡溫柔爍亮

讓日子如花綻放

今天也很辛苦吧？
沒關係的，我知道你很累。

因為各種的失誤，
他人看待你的眼神變得愈來愈冷酷，
真是既痛苦又難過的一天。

沒有人關心你的一天過得有多沉重，
全都只是形式上的對話，缺乏心靈上的交流。

辛苦了，真的辛苦了。

或許還有些生疏，但你仍然撐過了今天，
透過這次的經驗，得以再獲得些許成長。

你看著他人的傷痛，
擔心自己缺乏同理心的態度，
會不會讓對方心情更加沉重，
盡自己最大的努力去傾聽和安慰。

你真的做得很好，謝謝你今天也這麼用心。
雖然一整天下來非常辛苦和疲憊，
但今天的你值得被稱讚，也足以為此感到欣喜。

謝謝你沒有選擇逃離。

站在突如其來的恐懼面前，你未曾畫地自限，
雖然心中害怕再次失誤而挨罵，
擔心在冰冷的人際關係中受傷，
覺得這一天太過沉重而想逃離，
但，**謝謝你仍鼓起勇氣撐過這一天。**

輕拍自己，慰勞一天的辛勞，
然後藉由這股力量，讓自己接著往前走——

帶著期待的心迎接新的一天；
明日早晨，將幸福到值得期待。

充分安慰過自己後，
試著找回你失去的活力與光采的神情，
找回你喪失的自信與驕傲的姿態。
為了讓今後的每一天都充滿悸動與幸福，
試著再往前走一點吧！

日復一日，當相同的循環不斷反覆，
既無趣又讓人想逃避。
試著再往前走一點吧，以不同的視角，
讓每一天都充滿朝氣與期待。

希望你能改變自己看待世界的觀點，
讓那總是一成不變、無聊透頂的日子，
轉而如花朵般多采多姿，洋溢幸福的氣息。

返家途中，都市裡耀眼的電虹燈不停閃爍，
路上的車燈一明一滅，人群熙來攘往。
世界如此明亮，而你，卻獨自徘徊在暗影裡，
腳步如此孤獨與沉重，嘴裡吐出空虛的嘆息，
夾雜著內心的吶喊，以及椎心刺骨的顫抖。

在無限迴圈的日常中找不到意義，
你的一天因此而枯萎凋零。
是深灰的空虛嗎？抑或純黑的黯淡？

在這世界上，從來就沒有分毫不差的反覆，
深灰的空虛與純黑的黯淡當然也不曾存在過，
請仔細檢視看看自己的一天吧！

在相同地點展開的另類體驗，是赭紅的悸動；
循著不同經驗而產生的變化，是迷人的翠綠成長；
而基於這份美麗，世界開始閃耀燦爛的金黃。

唯有你才能感受到的某個人的特殊情感，是浸濕的粉紅色；
即使面臨考驗，也絕不會動搖的蔚藍自尊感；
熊熊燃燒的紫紅色熱情，失敗後的青紫色創傷，
以及遊走於深灰與純黑之間，變得愈來愈深沉的內在。

這些，讓你的色彩更加濃烈與鮮明，顯現與眾不同的魅力。
藉由這樣的生命獻禮，你進一步地成長茁壯。

相信我，需要改變的，不是你那絢爛如花的一天，
而是不懂得欣賞花朵之美，日漸乾枯萎靡的心；
需要改變的，不是原本就足夠美好的世界，
而是你那無法凝視其優點的心，僅此而已。

當你改變人生的態度，眼中的世界也會跟著改變。
這是能讓你的一天如花朵般盛放的唯一方法。

為了學習與成長，無可避免地需要經歷反覆且無趣的日常，
你才會像現在這樣，如此地渴望有所改變。

因此，從現在起，請盡力去吟味日常中所有的色彩與體驗。
即便是從同一方向吹來的微風，溫度也不盡相同，
還有人們的氣息、微妙的變化……

在日復一日的生活裡發掘驚奇，
在各自的經驗裡尋找意義，是生命賦予你的另一個起始。
這些，將使你的一天如花朵般綻放得豐富又多彩。

關於「成長」

所謂的「成長」，
是不把焦點放在他人的外表上，
而是著重於尋找內在之美。

比起聚焦在他人的缺點，
更懂得去熱愛那與生俱來的純真，
用積極的態度鼓舞對方。

成長，
是懂得把看不見的珍貴銘刻於心，
而非僅止於肉眼看得見的事物，藉此成就完整的自我。

生命的基石在於成長，
亦即比起結果，過程應該更加美好。

成長，
是去做那些足以拯救靈魂的真正益事，
而非對眼前那些摧毀靈魂的虛假利益汲汲營營。

知道自己的出生不是為了成功，而是為了成長；
真誠、踏實地度過生活的每分每秒，
不管在人生中遇見什麼，都知曉其中藏有磨練與砥礪，
懷著感恩的心去面對。

因此，碰到任何事情皆不為所動，
在眼前展開的所有人生經驗裡，
具備平和穩重的內在與品格，
努力找出讓自己得以成長的選項。

偏向寬容的饒恕，而非狹隘的怨恨；
習慣親切地微笑，而非緊緊皺著眉頭；
注重過程的真實，而非為了結果不擇手段；
選擇付出真情實意，而非空洞的敷衍。

細微地反省所有偏離「愛」的態度，
為付出直率的心意而努力，

如此實實在在地過日子。

在日常面臨的每一個瞬間，
懷著撲通撲通的悸動與期待，
選擇得以讓自我成長的態度。
藉此將本身的存在重新打磨成美麗且偉大的藝術。

貼近真實的自我，只拿昨天和今天的自己比較，
而非一味與他人競爭，
每天都懷著雀躍的心情往前邁進。

比起在過程裡加油添醋，意圖讓成果耀眼，
著重於自我成長的人，
更傾向擁有難忘的過程，而不只拘泥於結果。
從束縛自我的壓力中掙脫，
找回充分的餘裕，並因此真正感到幸福。

覺得人心重於一切，
所以懂得滲透他人的心房，
藉此給予鼓舞和撫慰。

明白「我們都是人，不可能完美無缺」這個道理，

因為不完美，所以才誕生在這個世上，

而所謂的「成長」，就是我們要達成的目標。

因此，無論面對自己或他人的失誤，

與其加以責備，不如選擇睜一隻眼、閉一隻眼的寬容。

判斷他人的權利不屬於我，而是為神所獨有，

懂得尊重他人和所有生命的謙遜，

使歲月刻劃在我們身上的紋路，益發地美麗與成熟。

有時，我們會忘了原本的目的，

為了追求名譽和財富，使成長的過程蒙上一層謊言。

在接踵而來的人生岔路上，

我們選擇的不是愛、親善或寬恕等成長態度，

而是怨恨、憤怒等不成熟的心態，以至於不斷地退步。

我們，因為將自己誕生在地球這顆行星上

的唯一理由與目的，

忘得一乾二淨，所以免不了經歷一番挫折。

人生在世的理由，就只是為了走完成長的過程。

現在，請好好地銘記在心，別再迷失方向。

請相信如今在你面前展開的一切事物，
都是生命為了讓你成長而準備的禮物，
請帶著愉悅與期待的心，打開那只裝有禮物的箱子。
無論裡頭裝的是痛苦、悲傷，抑或是怨恨，
都是你成長過程中不可或缺的要素。

選擇成長的態度，完成你誕生在地球上的寶貴目標──
請務必將這點牢記於心。

此時此刻，上天也為了敦促你成長，
不斷降下各式各樣的禮包。
現在如此，未來亦然。

＊＊＊

從現在起，要做出能讓自己幸福的選擇。
從飢渴、提心吊膽的不安，
以及連理由都無法釐清的空虛中擺脫。
在選擇成長的情況下，
找回那滿足又豐饒的心，真正地感受幸福。

光是自然而然地呼吸，能夠活下去的這項事實，
就已是無法用言語形容的奇蹟，
值得我們懷著感恩的心去擁抱生活。

以「成長」為目的時，我們會知道過程重於結果。

在生活的每一個瞬間，

我們不會再追逐虛假的成果而自覺不幸，

而是每踏出一步，就能尋得真實的滿足與幸福。

光是自然而然地呼吸，能夠活下去的這項事實，

就已是無法用言語形容的奇蹟，

值得我們懷著感恩的心去擁抱生活。

一切都是如此地完美與閃耀，

毫無需要改變或追求的事物，

請感受心滿意足的幸福，陶醉於飄然的感覺裡，

然後把滿溢出來的喜悅傳遞給他人。

如此一來，你的存在，

本身就是以愛為名的神聖藝術，

是世間罕有的真實與美好。

你的價值，不再取決於你所擁有的事物，

或曾經做過的行為，

光是存在本身，就足以成為他人的鼓舞與安慰。

現在，請牢牢地記住，

你誕生在地球這顆行星上的理由，

不為其他，只為了成就自我的成長。

跨越幸與不幸的鴻溝，

讓自己馬上變得幸福的魔法，其實非常簡單：

回想看看自己存在的理由。

過去這段時間，生命真正的目的總是被虛榮心掩蓋，

直到現在我們才明白，人是為了成長而活。

僅此而已。

被我的文字吸引，現在正讀著此段落的你——

這個瞬間並非偶然，

我懇切地期盼你能明白，

是生命為了讓你獲得真正的幸福，

才將你帶到這段文字面前。

因此，請相信這段必然的命運，

從現在起，謹記自己生存的目標。

一定要過得幸福，你是值得幸福的存在。

這是我對你的請求

內心無法被填滿的空白，讓你感到異常地痛苦與疲憊，就那樣癱坐在地，幾近崩潰，陣陣的空虛不時襲捲而來。

世界變得索然無味，所有的人際關係和行為都顯得毫無意義。不知該如何填補這段孤獨與空虛的時光，你噗通一聲掉進成癮的泥淖，在欲望的森林裡苦苦掙扎。

眼淚還未流盡，沉重的憂鬱讓人難以負荷。你向周圍發出求救訊號，卻傳回不具同理心、毫無誠意的安慰。就這樣，你獨自身處孤單地獄。

該怎麼辦呢？該說些什麼才能安慰你？面對人生的成長痛，你用兩條瘦弱的腿勉強挺立，看著一邊哭泣、一邊顫抖的你，我該如何給予安慰？

我渴望成為你的助力，你能否因我的真心而獲得慰藉呢？明知難以有實際的幫助，所以我什麼話都沒說，只能在此靜靜守護。為了與你一同悲傷，成為你的力量，我在鍵盤前苦思良久，憑著這股真切的心意，你能不能再稍微撐一下呢？可不可以把我的心意當成拐杖，再一次地站起來？

求求你，再稍微加油看看，努力堅持住，別輕易地倒下。不要輸給眼前的生活，勇敢地起身吧！我也曾像你一樣崩潰過，當時真心覺得在這廣大的世界裡無處可依，只剩下我一個人孤零零的，甚至覺得活著比死了還痛苦，內心充滿怨恨。但是，我撐下來，也挺過去了。

而今，我把那段時光視為人生中不可或缺的寶物，是神的賞賜，只為了讓我走向更幸福的道路。
你能不能相信我一次，再稍微堅持一下呢？
可不可以接受我的安慰，相信我一次？
請你再稍微加油一下，努力撐過去。這段痛苦的時光，不過是為了讓你成長茁壯，請你務必挺過去，一定要過得幸福。

「拜託了！」

我們一起互相加油、彼此安慰，好好地生活下去吧。
現在的我們，已足夠珍貴與美麗；今後也將更加燦爛耀眼。
讓我們彼此給予慰藉，
在這偶爾充滿艱險與難關的日常裡，好好地成長茁壯吧。

為了成為五彩紛呈的花朵，面對這段令人疲憊的時光，
千萬別輕言放棄，一定要堅強地挺過去。

人生，只是在用不至於把根莖吹斷的風，
測試我們有沒有能力盛放而已。

因此，別被這種微風動搖，放棄人生給我們的試煉，
只要再稍微往前邁進一步，就能擁有如黃金般的幸福。
如此珍貴的我們，在這彌足珍貴的現在與未來，
一定能堅強地戰勝困境，讓自己過得幸福。
正因經歷過痛苦，才會有如今成熟的我們。
如此熾熱又濃烈的存在。

請善加守護如花朵般迷人綻放的自己，
切勿屈從或放棄。
從現在起，我們將會幸福且燦爛地盛放。

如此珍貴的我們，
在這彌足珍貴的現在與未來，
一定能堅強地戰勝困境，
讓自己過得幸福。

Chapter 2

開口說愛

很久以前，你們曾有過約定，
為了遵守那個早已不復記憶的誓言，
此刻再次重逢。

雖然難以解釋，但你們重新遇見了愛情，
再一次對遙遠的未來許下承諾。
對著猶如初見的他，
你不知不覺有了新的解讀，墜入愛河。

為了遵守和你的約定，他繞過艱險的遠路。
現在，請告訴那個在你身邊的對象：
「謝謝你還記得，甚至回頭來找我，
繞行一大圈的你，一定很辛苦吧？
如今，我會讓你感受到幸福，
好好地愛你，讓你成為笑容洋溢的花朵，
永遠幸福地綻放。
我會遵守約定，讓你的生活只有愉悅歡欣。」

從現在起，別放開彼此緊握的手。

當夜幕如薄霧般傾瀉而下，紅霞包圍了我的孤獨。
我想，所謂的「愛情」，也許就是太陽西下時的薄暮吧。

結束一天的工作，撫慰疲憊身心的夜晚，
好奇對方一整天的經歷，以充滿愛意的眼神互相凝視，
不知不覺，內心的煩憂與身體的疲倦，都逐漸被撫平。

如果愛情擁有各種不同時段的面貌，
那麼，我想成為像傍晚一樣的人。

臨近夜晚的空氣，溫暖又潤澤，
安慰疲憊不堪的你，在擁抱中說聲：「今天辛苦了。」

或許正因如此，今晚，令人感到有些孤單和惋惜。
你仍在遠路上，艱辛地向我走來。
「請給予溫暖的關照，讓他平安抵達我身旁。」
我向那逐漸消失的晚霞祈禱。

而我，不知往何處邁出了腳步，
或許，正是朝著你的方向。

愛，就是要全心全意

把「愛你」這句話掛在嘴上很容易，但裡頭承載的真心卻可能有如雲泥之別。例如有人明明說「喜歡你」，卻感受不到對方的真誠。相反的，他為了自己的成功，不惜代價地傾盡全力。在這種情況下，對方說的「愛你」，既沒有真心也缺乏悸動，不過是以輕浮的姿態對待你罷了。

所謂「愛情」，是兩個人處於某種特殊美好的關係裡，因此顯得更加珍貴。必須付出時間與真誠、具備責任感，還要試著努力去理解對方。這番心意，會增添「愛你」這句話的重量，一起度過的時光，也會讓「我們」的存在變得更加耀眼。

讓我們以這種方式去愛吧！不是毫無誠意的虛偽之愛，而是互相傾注真誠與關懷，綻放璀璨花朵的戀曲。遇到一個願意為你付出，也值得你用心相待的對象，談場美好的戀愛吧！

彼此成為對方第一順位的那種愛情。

無論是汽車、衣服或是工作，只要是喜歡的事物，我們就會不惜一切地全心付出。那麼，對於自己心愛的對象，那世界獨一無二的存在，是不是更應該如此呢？

「愛情凌駕於一切事物」——別誤會，這句話的意思不是要你放棄工作，對愛情陷入瘋狂的執著。

我的意思是：工作，不僅僅是為了自身的成功，同時也包含對所愛之人盡責。過去只屬於我一個人的生活目標，如今也應該把對方融入其中。

因為相愛，所以這段關係成為了我人生的第一順位。亦即，不只是為了自己，而是為了這段關係、為了我們，所以更努力地工作，愈來愈渴望成功，希望變成比現在更穩重、更帥氣的人。

為了這段關係，付出真誠的責任感，真心珍惜，並成為一起成長的人生伴侶。我深信，這段立基於愛情之上的關係，將成為一段永不凋零、不輕言潰散的美好姻緣。

走在路上，看見你喜歡的玉米，

我難以視若無睹地走過，

因為，我想看到你幸福的模樣。

有時，我也會在街上來回尋找，

只為了把玉米帶回來送給你。

因為，我希望成為你快樂的泉源。

一個人旅行時，我的心中仍然牽掛著你。

把美麗的風景拍下來傳給你，在路上到處尋寶，

苦惱著你會喜歡什麼樣的紀念品。

我希望你能因我而變得更加幸福，

看著你開心的模樣，我也會跟著幸福。

愛情，就是兩個人一體同心。

即使分隔兩地，我生活的世界，

也充滿了為你著想的心意。

在一起時，相愛的那份心意，

已成為了迷人的香氣，染滿周圍的世界。

真心將對方視為第一順位，彼此體貼、珍惜與相愛，

這份心意，將結為一朵永不凋零的花。

你有好好留住自己的浪漫嗎？

在婚姻變成商業交易的現代社會，
男人用能力購買女人的美貌，
女人將美貌賣給男人的能力，
這就是，人們在私底下談論的「婚姻定義」。

但是，我們期望的愛情，
並非如此。

即使歷經磨難，遭遇痛苦，
「沒事的，只要和你在一起，痛苦也是一種幸福。」
這才是我們期待的浪漫愛情，不是嗎？

這樣的愛情，不是很美麗嗎？

　　　　　　　你的愛，你的浪漫，
　　　　　是否有好好地被留住呢？

因為太愛你，所以總是想佔據你所有的時刻，
讓你的視線裡只有我的存在。

我想搶走你和他人相處的時間，
一整天牽著你的手，讓你的腦海裡充滿我們的回憶。
我想就這樣，一輩子和你在一起。

有時，我們會在山路上看到不同的風景，
體會不同的樂趣；
有時，我們會因迷失了方向而左右徘徊，
但重要的是，我仍緊緊握著你的手。

因此，我一點也不害怕，
只要可以和你在一起，我就不會感到憂慮。
結婚不是戀愛的終點，
讓我們把戀愛的過程昇華為婚姻，
甜甜蜜蜜地，談一輩子的戀愛吧。

即使天崩地裂，

我給你的愛與幸福，也絕對不會動搖。

所以，請你一定要緊緊握住我的手。

因為你的快樂，就是我最大的幸福。

你的笑容，等同於我的喜悅；你的眼淚，等同於我的悲傷。

所以，我會用盡全力去愛你、珍惜你。

愛你，也等於愛我自己。

為你做的一切，也全是為了我自己。

因為如今不再是你和我，而是「我們」。

我們一體同心。

我會永遠地愛你更甚於自己；

若此生不足，我願以來世相許。

你有好好留住……

自己的浪漫嗎？

我想談那樣的戀愛。

一直愛到今生完結，
下輩子，仍然非你不可。

你想談的戀愛，
或者現在正談的戀愛，
是什麼模樣呢？

那樣的愛情

緊緊牽著彼此的手，
一起在人生這趟旅程裡漫遊。
無論是痛苦、悲傷、喜悅或幸福，
我都想和你一起看著、聽著，一同去感受。

就這樣，我們雙手緊握，同立於人生的山巔，
望著一路走來的點點滴滴。
與我結伴同行，辛苦你了。
泛著淚光，我想再一次對成為我一切的你，
說聲「我愛你」，給你最真誠的告白與擁抱。

我是你的全部，
你，也是我的全部，
我們對彼此而言不可或缺。
過去一起累積的珍貴回憶，對未來懷抱的期待，

都是此刻最深的悸動。
「那樣的愛情──」

我認為，如果是真愛，
面對眼前的道路，就能手牽手一起走下去，
一同經歷、感受所有的考驗與喜悅，
那該有多美好、多動人啊。

在愛情面前，所有事都是次要的，
因此，我們必須成為彼此的第一順位。

對我來說，你最珍貴；對你而言，我最珍貴。
就這樣，一起漫步人生，俯瞰山下的風景，
彼此雙手緊握，互相凝視。

辛苦了，真的謝謝你，我愛你。
假如還有下輩子，讓我們再次相遇吧！

如此一直愛到今生完結，
下輩子，仍然非你不可。
「那樣的愛情──」

愛

愛，是珍視某個人或某項存在的心意與行為。

愛我吧，
然後，
也請懂得
愛你自己。

亦即，珍而重之。

＊＊＊

所謂「愛」，是打從心底珍惜對方，
不會隨意貶低、控制或謾罵，讓對方倍感洩氣；
懂得發掘其優點，進一步給予鼓舞。

為了讓對方更加閃耀，成為美麗而盛放的花朵，

我全心全意地給予支持，希望對方成功。
比起嫉妒，我更為對方的成功感到開心；
比起佔有，我會為了讓對方舒心而放手；
比起控制，我選擇用溫暖的視線給予理解。

不是高高在上，而是站在彼此身旁攜手同行。
當對方感到疲憊和倦怠時，我樂意於後方提供援助。

當對方發生失誤時，比起鑽牛角尖地追問，
不如睜一隻眼、閉一隻眼；
當對方誤入歧途時，比起強迫性地鞭策，
不如以自身為榜樣，引導對方走上正確的路。
不是陷入驕傲自滿，以虛榮的思維炫耀自身優點，
而是肯定自己與對方各有所長，
以深厚的謙虛與寬廣的胸懷給予鼓勵。

愛情，是人類追求的終極藝術，

因為愛，過去那些難如登天的關卡，
都有了跨越的可能。

就算身體疲憊不堪，也願意為孩子準備餐點。

雖然偶爾略過也無妨，但每天都會按時餵毛小孩零食。

即使因為公事火冒三丈，但看見你的臉，

就會不自覺地露出笑容。

想起因工作而累壞了的母親，

就會開始清洗堆積如山的碗盤，打掃屋內的各個角落。

雖然有時對未來感到焦慮和害怕，但基於對工作的熱愛，

最終得以克服那茫然的恐懼與倦怠。

開車時擔心身旁的人感到不安，

所以格外體貼地減速慢行。

而為了給予對方真正的愛，

我必須先懂得如何愛自己。

請以美麗的心自我關愛，然後同等地愛著身邊的人。

這就是，所謂的「珍而重之」。

何謂幸福的
戀愛？

其實很簡單，
那就是如實地相愛。

別刻意去挑對方的缺點，
嘗試用自己的方式控制對方，
或者把對方漆成自己理想中的顏色。
請原原本本地去喜愛他最真實的個性與色彩。

此外，請與一個喜歡你真實面貌的對象交往，
否則，這場戀愛就只是為了滿足欲望而已。
當懷抱的幻想與渴望一一散去，
再也沒有新鮮感時，
彼此就會開始覺得厭倦。

和那樣的對象談戀愛，

不過是封閉了遇見好人的可能性，

白白地浪費時間而已。

明知不合適，卻總是愛上與自己天差地別的對象，

在交往的過程裡，導致自我的真實面貌受損。

長此以往，你將會落得遍體鱗傷，

凋零破碎的心，如同失去滋潤、乾枯褪色的花朵般。

你渴望一個能夠珍惜、疼愛自己的對象，

原本應該享受浪漫的甜言蜜語，

變得更加惹人憐愛的你；

原本應該被愛意滿盈的眼神凝視，

陶醉在悸動中的你，

如今，卻承受了各式各樣的要求，

以至於內心傷痕累累。

你談著一場失去光芒的戀愛，

喪失自我色彩的空虛感襲來。

對方冰冷且充滿控制欲的眼神，

讓你總是忍不住提心吊膽，

一路察言觀色，也一路離幸福愈來愈遠。

別成為愛情的乞討者。

如果為了愛必須勉強自己，抹去個人色彩，

那麼就算愛到甘願放棄自我，

這種咬牙苦撐的努力，最終也只會帶來不幸。

切記，幻想與欲望，終究無法被填滿。

因為應該改變的不是你，而是對方的心。

遇見幸福最簡單的途徑，就是喜愛真實的自我，

然後找到一個喜歡我真實面貌的對象。

如此而已。

等待的價值

擁有強大控制欲的人，
總是想強行改變我們與生俱來的色彩。
和那種人在一起，無論是做為朋友或戀人，
都只會感到痛苦與疲憊。

對方應該要尊重、理解、喜愛我們最真實的面貌。
總是想把我們改造成另一種模樣，
算不上真正的愛。
這種行為，只是為了滿足個人的欲望與期待，不是嗎？

義無反顧愛我的人，會認為我的失誤和缺點充滿人性，
能夠給予理解和尊重。
不是一味地期望與依賴，而是只要此刻兩人相守在一起，
這樣美好的事實就已經讓人感到幸福。

我希望對方是這樣的人。

我想遇到這樣的對象。

或許，這反而是最奢侈的條件吧？

可是，如果能滿足上述條件，一定是值得等待的愛情。

重點不在於「交往」，而是「值得」與「不值得」。

＊＊＊

從某處飛來的孤獨之箭，貫穿了你的心臟，

讓你瞬間感到一陣淒涼。

你混淆了「交往」與「價值」，放棄了值得等待的愛情。

為了戰勝眼前的孤獨，你急於想找個人作伴，

於是展開了一段戀愛。

那樣的愛情，是命中率極低的豪賭，

當領悟到失去幸福的愛情是種錯誤的選擇，

你就會開始後悔自己當時的急躁。

因此，請綻放真實的自我，別過度地心急，

當你散發出獨有的香氣與顏色，
一定有人會被那股魅力吸引，
完全為你的本色著迷。
你需要的，只是等待這樣的人出現。

真正的愛，是慢慢滲入彼此心中，
原原本本地愛著對方在自己眼裡的模樣。
尊重對方天生的色彩，包容其不足之處。
光是兩個人在一起，就勝過一切，

因此，不必過於心急，
你的等待——
是為了以永恆的愛彼此凝視、珍惜與守護，
是最深具價值的等候。

別因為無法戰勝突如其來的孤獨，
而在茫茫人海中，隨意朝某個對象走去。
這種選擇，就是在拿自己的幸福當賭注。

天生就如此珍貴、如此美麗的你，
充分擁有被愛與愛人的資格。

放著如此寶貴的自己，選擇去和命運賭博，
這種行為，不是美好可愛的，
亦不值得鼓勵。

沒有必要在心急之下拿自己當賭注，
因為現在的你本來就很好，值得對的人珍惜。

所以，與其押上你珍貴的命運，
不如先克服眼前的寂寞，成就自身的完整。

在被賦予的生命裡竭盡全力，
努力生活，也努力去愛的你，將更加燦爛耀眼。
你所散發出的香氣，也會益發濃烈，令人沉迷。

被你真實的光彩與香氣吸引而來的良緣，
正朝著你的方向走來。
為了讓他不再徘徊猶豫，
你需要做的，只是將自己淬鍊得更加閃耀動人。

當你先成就自身的完整，
就將擺脫令人不安的機率式賭博，

成為百分之百幸福與愛情的創造者。

你的完整度與自尊感，
將決定你會被什麼樣的人吸引，
以及可能吸引到什麼樣的對象。

因此，為了提升兩個人在一起的價值，
必須先讓自己一個人時也不會感到孤單，
盡最大的努力，去珍惜和愛護自己的生活。

在茫茫人海中，
你和我都非彼此不可，懇切地愛著對方——
這種戀愛，才值得我們賭上命運去相守。

但願現在的空窗期，是為了成就愛情價值的美好等待。

第一顆鈕扣

不管是聯誼，或是在街上搭訕，無論以何種方式相遇，
為能順利與心儀的對象談戀愛，擺脫眼前的孤獨狀態，
我們經常會犯下「失誤」——
也就是把自己打扮得更加帥氣和華麗。
然而，如果戀愛是以這種方式起始，
必難逃脫痛苦的命運。

兩人互相認識的首要關鍵，
就是展現出自己最真實的一面。

假如對方不喜歡你原本的模樣，
而你為了改變自己而費盡心思，
勉強追求著不適合自己的緣分——

那麼，我想勸你不要執著於這種戀愛，

這樣的關係並不健康，請不要勉強留住對方。
只要再稍等一陣子，真正的緣分一定會降臨，
在那之前，希望你能好好守護最真實的自我。

面具總有一天會脫落，
為了獲得愛情而喬裝，最後卻受到創傷；
為了逃離寂寞而喬裝，歡愉的時刻卻異常短暫，
假面自我帶來的空虛更加漫長無盡，
到頭來，你只會變得更加倦怠與孤獨。
最終，疲憊不堪的你卸下沉重的面具，
對方卻誤會過去的假面才是真實的你，
於是生氣地指責你變了，對你大失所望。

從那一瞬間開始，不管這段戀情是中斷或持續，
兩人的緣分都已走到盡頭。
或許，這段緣分原本就不存在，
是你勉強地延續，最後讓自己筋疲力盡。

請珍惜寶貴的人生，喜愛自己原本的模樣，
為真實的生活竭盡全力，
別著急，命定的真正姻緣，

正被你的率直所牽引，一步步地朝你走近。

＊＊＊

孤獨感不時襲來，讓你處於渴望戀愛的狀態。
在某個對象面前忐忑不安，
苦惱著該如何踏出第一步。
你閉上雙眼，想像自己帥氣又華麗的打扮，
為了獲得愛情，你選擇讓未來的自己受傷。

其實，踏出第一步的方法別無其他。
因為生疏而擔心，因為經驗不足而緊張，
雙手瑟瑟發抖，眼睛難以對焦，
失誤了好幾次，也還是無法正確扣上第一顆鈕扣──
如果這就是你，就以自己最真實的模樣跨出步伐。

若想順利邁出愛情的第一步，這便是唯一的途徑。

看著你生澀的舉動，
真正契合的對象不會認為你沒出息或像傻瓜一樣，
反而覺得你非常可愛、迷人又率直。

他會主動靠近你，緊握那雙顫抖的手，

替你扣好第一顆鈕扣，

然後告訴你：「對不起，等很久了吧？」

並輕輕給你一個吻。

那瞬間，你將露出燦爛的笑容。

為彼此付出真心，填滿心中所有的孤獨與渴望；

為了百分百濃烈的愛情，為了實現命運般的相遇，

宇宙刻意把扣不上的鈕扣釘在你的衣服上。

因此，即使有些生疏也沒關係，

只要忠於真實的自我即可。

假如為了獲得愛情，

必須將自己原本珍貴且美麗的價值盡數毀去，

那麼，得不到自我認可與喜愛的你，

將會被苦澀的孤獨與刺骨的空虛吞噬，

嚐盡痛苦的滋味。

因為在這個世界上，

自此完全沒有一個真正愛「你」的人，

這是多麼虛妄的悲劇。

假如你一直把真實的自我隱藏在華麗的面具下，
那麼，人們喜歡的並不是你，
而是那副面具。

倘若面具不小心掉落，人們可能會大感失望，
紛紛搖頭離你遠去。
而你，則再度落得形單影隻，對此追悔莫及。

現在，為了獲得真正幸福的愛，
為了終結這場悲劇，敲響新的幸福鐘聲，
請摘掉虛偽的面具，
擺脫不實的誤會以及那些不是真心喜歡你的人。
好好守護自己最真實的模樣，
勇敢地踏出第一步。

愛一個人原有的樣貌，其實並不難

杜斯妥也夫斯基曾說：

「只要和某個人共度一晚，無論對方多麼偉大，

我都會對他心生厭惡。

因為他的個性，會使我的自由受到壓抑。」

保羅・科爾賀（Paulo Coelho）說過：

「和陌生人交談之所以愉快，

關鍵就在於他們不會試圖控制我。

這讓我們得以樂在其中。」

對自己也好，對他人亦然。

為什麼我們無法珍惜、熱愛彼此最真實的面貌呢？

我們需要夢幻般的魔法，讓我們理解和尊重

彼此原有的個性與色彩，並懂得加以欣賞。
這難道只存在理想的夢境裡嗎？

其實，只需要稍微努力一點就好，
好好梳理自己被惰性浸染的心性，
只要往前邁出一步，你就能順著繼續往下走。

為什麼呢？因為我們都是自私的。
只要領悟到那麼做才是真正的幸福，
即使不刻意努力，利己之心也會牽引著我們徹底執行。

並沒有什麼難以克服的關卡，
我們只是需要稍微不同一點的視角。

＊＊＊

愛情的方程式，不是一加一等於二，
而是一加一後，融合為一個全新的個體。

不要把自己的生活方式，勉強地套在對方身上。
在毫無防備的情形下，你喜愛的那個他

會抱著鬱悶的心情，陷入憂愁與痛苦。

因此，請盡全力去尊重對方的個性與色彩。

撇除自私的心態或控制欲，

假如你很愛對方，會想體貼地讓他過得自在；

假如你很愛對方，會想調整自己來減輕負擔。

那麼，你將不會一味強求，而是會用愛來微調彼此的色彩，

打造出只屬於你們兩人的璀璨新色——

這世上獨一無二的美麗色澤。

愛，是互相理解，也是彼此磨合。

試圖控制對方，根本談不上所謂的真愛，

只是用來滿足自身的欲望而已。

因為那樣的愛等同於幻想，所以結局總是走向絕望。

因此，請珍視並喜愛對方原有的個性與色彩。

假如你的愛不是用來滿足欲望的幻想，

而是打從心底的珍惜，

那麼就算不勉強，

「愛」也會讓你們為彼此產生改變。

初
戀

我是這麼想的：
決定「初戀」的關鍵不在於交往順序，
而是對那個人的愛有多深。

真正讓人感到思念與渴望的人，
是在他人的心底刻下真心的人。

用自己的溫暖與成熟，
捂熱對方心裡的每個角落，
並且為對方帶來正面的影響，
在互動中一同成長。

假如能夠以這樣的心意去愛人，
那麼，你們就會成為彼此的初戀。
愛情裡的真誠，會指引你們走向永恆，
譜出生命最永恆的一場戀曲。

試著用那樣熾熱的渴望去愛吧。

＊＊＊

有的人，
好像一輩子也無法忘記，
總是佇足在心底的某個角落，
思念與熾熱的渴望蠢蠢欲動。

每當此時，你總會這麼想：
這段愛情是我的初戀，
也是我最後一次戀愛，
以後，我或許再也無法以相同的心境去愛人。

如今，你已無法對誰付出類似的情感，
甚至連想都不敢想。
被思念滲透，陷入孤獨與寂寥，
你懷疑自己是否能再狠狠地愛一回。

然而，更加濃烈的愛情，
會在你意想不到的瞬間降臨。

那個你曾經認定是初戀的對象，
只不過是你「初次遇見」的人而已。

如今，你為身邊的那個他傾注滿滿的愛情與溫情，
互相分享真心與溫暖，
還有此刻那深刻的共鳴——
讓雙方浸潤在至今未曾體驗到的愛情裡。

你的初戀，現在才正式展開。

當時的那段戀愛，
如今回想起來根本微不足道，
你終於領悟了現在的愛情是你的唯一，
成為了如花朵般盛放，真正的「初戀」。

為了邂逅真正的愛情，
請將此刻的孤獨與苦澀當作基石，
先成就自身的完整吧。

那麼，
被你成熟的率直香氣吸引，
從遠方一路走來的真正緣分，
將點燃過去你未曾經歷過的熾熱花火。
抱著這樣的緣分，你緩緩低語道：
「我一直在等你，謝謝你來到我身邊。」

人格獨立者的戀愛

空蕩蕩的心耐不住孤獨，
於是心浮氣躁地談起了新戀情；
但脫離孤獨的時間其實非常短暫，
很快地，你又徘徊於寂寞的森林裡，
因為現在的你並不是完整的。

帶著缺口的戀愛，最終免不了潰散。
因為寂寞而隨便找一個人交往，
然後又哭又鬧地後悔，甚至怨天尤人，
這樣的行為，一點也不討人喜歡。

一切都是自己的選擇，不是嗎？
與其為了滿足內心的空虛而談戀愛，
不如帶著一顆成熟的心，以完整的自我，去愛人與被愛。
這難道不是更加美好嗎？

至今為止的經驗，讓你對未來的愛情擁有更明智的見解。

別總是埋怨，從現在起，對自己坦白吧！

究竟是因為孤獨？還是真心喜歡？

此刻想談戀愛的渴望，是否只是想擺脫空虛？

是不是打算用其他事物，來填補內心的不完整？

從現在開始，對自己誠實一點吧！

成熟的戀愛是這樣的——

「即使沒有你，我依然可以過得很好；

但有了你的存在，我變得更加完整。

不是因為你的任何外在條件，而是你本身的存在，

對我來說就是一份禮物和喜悅，讓我無論何時都洋溢幸福。」

請試著以關懷與珍惜的態度，填滿自己目前的空虛與缺憾。

懂得珍惜、疼愛自我，獨處時不再感到寂寞；

讓自己成為自我永遠的避風港，

因為，無論何時都能給予安慰的溫暖懷抱，

不應來自隨時可能消失的某個對象。

唯有成為完整且閃耀的自己，

才能讓戀愛不僅止於撫慰心中的缺憾與孤獨，

遇到真正吸引自己的對象，譜出甜蜜的戀曲。

不是為了緩解內心的孤獨與渴望，
才和某人演一場貌合神離的戀愛；
而是一個人也可以過得完整，
但與你攜手共度，彼此真心相待，
生命更加豐富多彩。

光是牽著手，就能時時刻刻感受幸福，
這樣的愛情，唯有在彼此都完整的情況下才得以實現。

＊＊＊

若是不懂得愛自己，
就不可能真正地去愛他人。
說到底，那樣的愛情，不過是為了彌補自身缺口，
把依賴與執著美化成愛情的幻想而已。

這場「幻想」出來的電影，如同殘酷的悲劇般，
從第一幕直到結尾，都缺少了「你」這位主角。
因此，最終未能化為現實，就畫下令人唏噓的句點。

全心全意地接受對方的愛，
因彼此的情意而變得更加璀璨、
因彼此的連結而變得更加豐盈，
光是兩人攜手相伴，
就能既踏實又溫暖地走完人生——
這樣的戀愛，是人格獨立者才能享有的權利。

因此，不要隨著心底那股急迫的渴望與孤獨起舞，
相信完整的自我能帶來光亮的命運，先試著學會愛自己吧！

愛情的盡頭

當兩人都開始覺得對方沒有把我的利益放在第一順位時，
幸福就走到了終點。
——艾蜜莉·勃朗特，《咆哮山莊》

愛情不能單靠一人付出，
雙方都必須考慮到彼此的利益，
然後在珍惜和照顧對方的前提下，
擁有犧牲、奉獻甚至是放棄一切的覺悟。

倘若缺乏這樣的決心，
愛情的終章會不會淪為星月無光、漆黑黯淡的長夜？

讀著《咆哮山莊》裡的段落，我突然產生這樣的想法。

你現在的愛情，是什麼模樣呢？

＊＊＊

即使有交往的對象，
黝黑的孤獨感依舊不時湧上心頭；
當愛情變成了單向通行，
其中一方的第一順位，不再是兩人的愛情時，
暗夜的烏雲，在關係失衡的瞬間襲捲而來，
掩蓋了心中耀眼的星月，
寂寞的時光，彷彿一絲光線也無。

你捂著孤獨劃出的傷口，強忍灼熱且殘酷的痛楚，
望向窗外那無邊無際的黑暗，
懷著涼透的心，任由淚水在眼眶裡打轉。

愛情，需要彼此一同付出真心。

因為愛，所以希望為對方帶來快樂，
彼此凝視的眼神裡充滿了真心。
而這樣的心意，會讓兩人互相珍惜，
沒有一絲一毫的算計或私心，唯有百分之百的純粹與真誠。

即使偶爾迷失了方向，彼此也將是最明亮的星星與月光，
是永恆的支持與穩固的後盾，擁有照亮黑暗的力量。
光是兩個人在一起，就足以驅散彼此生命中的暗夜，
成為閃耀的星光與溫暖的明月，
在彼此的夜晚，以幸福且永恆的愛緊緊牽繫。

我的快樂，來自於你的笑容；
我的幸福，來自於你的滿足。

當雙方都帶著相同的心意，自願調整自己的願望或渴求，
只為了成就對方的快樂與幸福時，
那樣的愛情，
將化為強烈、耀眼且永不熄滅的光芒。

請彼此融入對方的心，
將兩人的幸福與快樂畫上等號，
以雙向的真誠，彼此相愛吧！

分手的時機

分手的時機，
就在於兩人的愛情冷卻，
或者，再也沒有被愛的感覺時。

當類似的感覺襲上心頭，
卻勉強維繫著關係時，
再也沒有什麼比這種狀態更讓彼此受傷、
更讓兩人的愛情回憶顯得苦澀的了。

因此，
當你突然產生分手的念頭，
直覺這份愛已經無法延續，
兩人共度的時光已不再幸福時，
這就是，面臨分手的時機。

明明下定決心要分手，卻對兩人的回憶眷戀不捨，
明明下定決心要分手，卻執著於過去而躊躇不前⋯⋯

假如你因此截斷了遇見新對象的可能，
對你、對他、對彼此的回憶都造成痛苦的話，
現在，就咬緊牙關，做出離別的決定吧！

＊ ＊ ＊

雖然他和昨天一樣說著愛你，
但言語裡似乎已不再有真心。

想念過去那個會用飽含愛意的眼神望著你的他，
感受愛情漸漸冷卻，過程實在痛徹心扉。
眼見戀情生變，你為此痛苦不已。

兩個人在一起，本來不應感到孤單，
然而，如今即使共處一室，
寂寞的感覺仍不時將你擊潰——
那褪色的愛情污漬，滲入了你的心底，
你落得遍體鱗傷，懷著冰冷的心而啜泣。

你愛的那個他，如今已不在身邊，
剩下的，不過是曾經寫下的回憶。
你所深愛的對象，不是眼前這個人，
而是曾經終日攜手相伴的那個他。
讓你露出笑容的，不是現在的關係，
甜蜜的愛與被愛，早已埋藏封存。

你又痴又傻，思忖著自己還能像以前一樣愛他，
又為兩人一起度過的時間感到惋惜。
於是你挖空心底，卻落得傷痕累累。

你現在不愛自己了嗎？
為什麼不懂得照顧自己呢？

請好好傾聽內心的聲音。
這段愛情已走到盡頭，再也沒有轉圜的餘地。

雖然餘情未了，雖然期待過改變，
但你所體會到的，是更加冰涼的冷意。
對方的冷酷與無情，狠狠地刺痛你，
你的內心深處，發出了孤獨與痛苦的強烈呻吟。

沒事的，眼前的痛苦終將逝去。

若想邁向幸福，就必須跨過此刻的難關，

這是離別所帶來的考驗。

因此，請盡自己最大的努力，

徹底地完成分手這堂課。

假如未曾被逼到絕境，
你一定會選擇隱忍，最終才哭哭啼啼地後悔。

不要緊，現在是時候做出選擇了。
曾經的熱戀期也許讓人懷念且不捨，
但愛情的終點，還是必須做出了結。

離別，就是好好地守護餘情未了的自己，
讓過去那些美好的回憶，不至於染上傷痛與怨恨。

因此，請盡自己最大的努力，徹底完成分手這堂課。
這段感情所留下的後悔與依戀，
能夠讓你領悟愛情的真實，
也將讓你遇見更加幸福與成熟的姻緣。

分手，是選擇打開一扇通往幸福的大門。

經歷過多少痛苦，你就會累積多少成長；
而隨著心態日益成熟，生活也會變得豐富多彩。

為了擁有更全面的識人之明，
全心地付出、深深地被愛，
如今的傷痛與離別，
都是無可避免的經歷與選擇。
蛻變得更加美麗的你，將奔向幸福，

因此，就算覺得難受也沒關係。

但願再回首時，你能夠帶著微笑，
將此刻的離別化為璀璨盛放的回憶之花。
但願現在的離別，總有一天能為你捎來幸福，
讓你擁有豐富的底蘊與人生智慧。

所謂離別

曾經深愛過的那個人，
曾經全心全意付出，共享回憶的那個人，
曾經不分你我，一體同心的那個人。

相遇又離別的難受，
失去一個人的孤單與落寞，
狠狠地勒緊心口，讓人無法支撐。

不管交往的時間是長是短，
面對分手的痛苦時，這些都不是重點。
倘若付出了真心，即便只有短暫的交往，
這份情感，也會讓你非常懷念，
甚至，後悔自己為何選擇分手。

明明全心全意地愛過，明明那麼深愛對方──

所謂的分手，
或許痛徹心扉，但有多痛，
就證明了你經歷多少成長。

因為，你徹底戰勝了相濡以沫的依戀，
收回了愛對方勝過自己的那份心意，
戒掉了依賴對方的習慣，
更驅散了分手後所面臨的失落與後悔。
你下定決心，從此一個人獨自挺立。

所謂的離別，就是全心全意地去愛過，
即使受傷，也會從已逝的戀情裡重新站起來，
決定好好地珍惜並守護自己。

我知道你既痛苦又疲憊，
我不會要你停止哭泣，也不會問你為什麼難受，
更不會要求你清醒一點。

即使覺得痛或累也沒關係，
想哭的話，就盡情地把眼睛哭腫，
將餘下的迷戀全部傾倒乾淨。

所以，放任疲憊倦怠的心，狠狠地大哭一場吧！
偶爾，在你覺得那撕心裂肺的傷口已然痊癒，
感覺如釋重負時，留戀與悲傷又會再度襲來，
讓你難受得捶胸頓足。

沒事的，我也曾和你一樣，這一切都再自然不過。
如果覺得難受，痛完也就過去了；
如果突然想哭，就放任自己大哭一場。
這就是分手——送走一個人，就是如此。

或許光想像就令人畏懼不已、
難以再向他人付出相同感情，
然而，即使過程緩慢，
但你會一點一點地做好走向另一段緣分的準備。

原本被對方佔滿的心，
現在將為了新的對象，慢慢地騰出空間。

你聽見了嗎？那個從遠處朝你走近的腳步聲，
以及面對緩緩靠近的新戀情，
心臟那止不住的悸動。

仔細聽聽看吧。

就這樣，你完成了美麗的分手，
戰勝了離別，變得更加成熟。
前一段戀情所帶來的痛苦與創傷，
讓你擁有分辨好人與壞人的眼光，
得以談一場更幸福的戀愛。

經歷眼下的痛苦，是為了邁向更完整的幸福；
承受巨大的傷痛，是為了遇到更理想的對象。
因此，就算難受得快要窒息，
也真的不要緊，一切都會過去。

在你克服創傷、成就自我的同時，
離別的這堂課，
將在你遇見新的對象時，
徹底地畫下句點。

治癒離別的痛苦

面對那個你曾經愛過的人，
你毫無保留地付出一切，
他也用溫暖的手將你緊握。
曾經繾綣的愛戀，在分手後彷彿讓心缺了一塊，
突如其來的失落，將你推入更深的孤獨與苦痛。

你現在思念的是他嗎？
還是全心全意付出後所感受到的情感剝奪呢？

刻印著淒涼的心，空空蕩蕩，
你淚如雨下，如癡如狂，
孤獨又疲憊，卻無人能夠理解。

那時，你用錯誤的方式安慰自己，

以為時間久了，心就會痊癒。
如果你未能從中獲得成長，
縱然時光流逝，傷口已然痊癒，
你仍會因同樣的情境，感到疼痛、孤獨與疲憊。

因此，你必須克服離別，並從中成長茁壯。
為了不再感到痛苦，讓自己變得更加瀟灑，
談一場更幸福的戀愛，
你應該依靠的不是時間，而是自我的成長與成就。

離別的痛正是為此而降臨——
希望你能一個人昂首挺立，
希望你能成為完整的個體，過得幸福且圓滿。

過去這段時間，你把重心放在他人身上，
未能好好照顧、愛護自己，你的心該有多孤獨啊！

因此，從現在起，向這段期間獨自留守的心說聲抱歉，
試著一個人看場電影、在咖啡廳翻翻書，
許自己一趟旅行，或者和朋友們見面閒話家常。
多吃點美食，買一些好看的衣服、帥氣的鞋子。

為自己準備一份禮物，誠心誠意地撫慰自我。
為了真實的幸福，為了美麗的愛情，
為了遇見更加珍惜你、呵護你的理想對象，
眼下的你，會暫時感到孤單與痛苦。

沒關係的，即使有些寂寞與倦怠，也真的不要緊。
請抱一抱這段時間被你忽略的自我。
過去你把愛聚焦在他人身上，
如今，請給予自己適當的安慰與關懷。

此刻的痛苦，是你的心正對你呼喊：
「請好好珍惜我、愛護我，成就完整的自己。
願你在成長的過程裡，變得更加光彩奪目。」

如今的離別，會讓你藉由傷痛而成長，
成就完整的自我，蛻變得璀璨耀眼。
但願下一次的愛情，能結出更成熟、幸福的果實，
我全心全意為你加油。

熟悉，是一種奇蹟

昨天你說，老夫老妻，因為彼此都清楚對方的習性，
所以總是會感到倦怠和厭惡。
但是，我恰恰相反地認為，彼此了解，才是真正的愛情。

會怎麼梳頭髮，穿什麼樣的衣服，
在哪種情況說出哪樣的話⋯⋯知曉這些，才是真正的愛情。

——《愛在黎明破曉時》（*Before Sunrise*）

從未知的刺激，充滿悸動的愛情序幕，
到不知不覺變得溫暖，熟悉又珍貴。

對那樣最理解我、最懂我的人心生冷淡，尋找新的刺激，
沒有什麼比這種行為更加愚蠢。

和真正相愛的人長期交往，若因為缺乏新鮮感而漸趨冷淡，
我可以明確地告訴你：

不管找到什麼樣新的刺激，
你都只會愈來愈空虛，最終依舊無法獲得滿足。

如此徬徨猶豫，總有一天你會感到後悔。
錯的不是那懇切又珍貴的對象，
而是你基於熟悉而被惰性浸透的心。

所謂的熟悉，不是再也沒有新鮮感或讓人煩膩，
而是因為非常了解彼此，所以能夠付出信任；
即使不表現出來，也能夠深入地體察領會；
因為交往的時間長，一起累積了許多美好記憶，
在製造回憶的過程裡，原本分屬你我的兩個人，
漸漸地合二為一——
這一切，本就是生命既貴重又令人驚嘆的獻禮。

牽著彼此，走過上天賜予的人生道路，是多麼圓滿美好。
因此，請別再將熟悉感視為理所當然，
而是更加誠懇、真摯地看待如此珍貴的禮物。

* * *

雖然有時會吵架，有時會鬧彆扭，
但我們並沒有選擇分手，
而是努力嘗試互相理解。

源於愛的努力，讓曾經只有一半的你和我，
結合成一朵完整的花，綻放耀眼的光彩。

比任何人都了解彼此的我們，
深刻體會各自的情感與創傷，
成為對方最堅實的後盾，給予慰藉。

光是你陪伴在我身邊，
就足以讓我用愛的力量，
去戰勝獨自一人時難以克服的艱難考驗。

為了不讓自己過於習慣總是給我勇氣的你，
更不讓如此珍貴的愛情褪色枯萎，
我一而再、再而三地喚醒自己對你的感激。

懷著感恩的心，我努力為你帶來快樂，

而這樣的努力，讓我們更加理解並懂得珍惜對方。

最後，我們成為了彼此人生中不可或缺的珍貴存在，

全心全意地為對方付出。

那份懇切與渴望，直至此刻都銘刻在我心底，

彼此互相讓步與關懷——這股愛的香氣，

將日漸深邃濃烈，成為永不凋零的雋永之愛。

假如能把這樣的信念刻在心底，

就不會被熟悉感所蒙蔽，進而失去對方。

無論遭遇歡喜、憂傷，

抑或如今阻擋在眼前的沉重試煉，

若能雙手緊握，用愛去戰勝，

彼此合二為一，共同成長的話，

那麼不管前途有多險惡，一定都能輕鬆度過。

這就是愛情帶給你的力量。

不管走過什麼樣的路，途中風景都會成為繽紛的愛情回憶，

而那些美好的記憶，也會加深彼此的責任與信賴，
任誰也無法分割兩人之間的了解與信任。

比起即興式的刺激，
彼此選擇用溫暖堅實的理解互相安慰，
將愛延續到永遠。

因此，「熟悉」更顯可貴與真切。
為了感謝這令人激動的奇蹟，我們應該日益珍惜。

克服眷戀

在戀愛中與對方發生爭執，
兩人互相傷害，彼此埋怨，
但即使傷口變得一片血紅，
卻怎麼也不敢提出分手。

你愛的是現在這種境況嗎？
還是曾經感到幸福的那個瞬間呢？

你渴望回到過去，掙扎於思念與眷戀的波濤，
抱著傷痛與對方繼續交往。
但是，你喜歡的，或許不是眼前這個人，
而是你曾經全心全意付出的那個時期，
或者，僅是彼此熾熱相愛的青澀回憶。

亦即，你所愛的，其實不是眼前的對象，
而是和那個人一起創造出的回憶碎片。

雖然站在你面前的人，和當時你愛過的他模樣相同，
但是曾經對你呵護備至的那個對象，
如今已不存在這個世界上。

假如你深愛的對象，
不是站在面前的這個人，
而是如今已悄然消逝的那些相愛回憶；
又或者此刻的你明明深陷痛苦，
卻覺得一路走來的時光相當可惜，
因為眷戀而躊躇不前，無法做出決定，
那麼，希望你能為了自己的幸福，明快地選擇分手。

曾經與你相愛過的那個他，
雖然在外貌上沒有絲毫改變，
但內在的本質與個性卻早已截然不同。

現在的你，只是眷戀於一場誤會。

你真正深愛的對象，其實不是站在面前的這個人，
而是已經煙消雲散、曾經愛過你的那個人的殘影。
如今，是時候該送走這個早已離你遠去的人了。

＊＊＊

也許你依然相信，
變了心的他總有一天會回頭尋你，
所以仍戀戀不捨彼此相愛的漫長歲月，
懷念他曾把你捧在手心上的時光。

但別忘了，
後來的他變得焦躁又敏感，
對你的撒嬌不再有回應，
對你的日常感受和壓力變得遲鈍，
比起凝視雙眼互相交流，他更在乎肉體上的歡愉。

而你，獨自攬下所有傷痛，痴痴地等著、愛著。
想起他曾經用充滿愛意的眼神望著你，
因為擔心而終日在身旁徘徊；
聽著你的故事，他會一起開懷大笑、一起哽咽淚流。
曾經的那些身影，至今仍讓你不自覺地露出淺笑。

但是，現在的你明白了：
你愛著的，不是如今身邊這個人，

而是僅存在回憶裡的那個他。

所以，從現在起，請保護自己遠離傷害，
收起愛情裡曾有的誤會與幻想，
珍惜並愛護這段期間陷於痛苦的自我吧！

向真愛走去

在感情方面尚未成熟的我們，總是躲在親切的面具之下，
如同進入休眠期、蓄勢待發的火山一樣，
藏著無法向他人表露出來的負面情緒。

為了保護自己在社會上免於受傷，
我們無法隨心所欲地發洩怒氣，只能用表面的微笑來掩飾。
而那股沒有被消化的情緒，需要一個紓解的管道。

為此，我們會尋找熟悉的對象，
透過家庭、親密無間的朋友或戀人，
互相傾倒憤怒、恐懼與不安，
藉此消除負面情緒。

誠實一點吧，你是不是也在不知不覺中，
享受著對所愛之人發洩情緒呢？

成熟的愛情是以尊重與理解為基礎，

透過相互支持與信任來表達愛意，

比起爭吵或鬧脾氣，更傾向於彼此安慰與鼓舞，

在愛情裡一同成長。

你現在的愛情，是什麼模樣呢？

我是這麼想的，向某人發脾氣或抱怨，

其實並非真的有什麼值得生氣的事，

只是因為我處於「需要發洩的狀態」罷了。

就像進入休眠期的火山，

會因無法承受高溫而再度爆發一樣，

我們經常把怒氣和怨恨埋在心底，

然後在某個時機點，尋得一個合適的對象，

用冠冕堂皇的理由和藉口，把滿腔的情緒發洩出來。

但是，假如你把他人當作情緒的出口，

那麼就永遠不可能成長，也難以獲得幸福。

如果真心想談一場幸福的戀愛，

就要誠實地觀察自己是否暗自享受這種發洩的快感。

因為愛，所以能夠原原本本地接受對方的缺點；

因為愛，所以希望減輕對方沉重的負擔，

心甘情願地將自己的肩膀借給對方；

因為愛，所以對方的幸福就等於我的幸福，

能夠為彼此的快樂做出讓步與犧牲。

唯有如此真摯的愛戀，才能化解所有糾結的情緒，

引導你和戀人一起走上幸福的道路。

＊＊＊

英國劇作家彼德‧烏斯蒂諾夫（Peter Alexander Ustinov）

曾言：

「愛是無止境的寬容，是慣常的溫柔目光。」

彼此帶著喜悅凝結成永恆之花，

其綻放出的愛，蘊含了不變的和善與柔情。

俗話說的「壞男人」、「壞女人」，

指的是心胸狹隘，思想不成熟的人；

倘若你會被這類的對象吸引，也證明了你不夠成熟。

假如你總是感到畏縮或想逃離，
而不是從關心的眼神與深情的態度中感受到愛，
甚至覺得這類的愛意表現很枯燥——
那麼，即使你與彼此吸引之人談戀愛，
最終也會因為缺乏理解，與對方頻繁爭吵，
讓關係裡充滿令人窒息的執著與控制，
戀愛的結局終將只留下痛苦和悔恨。

倘若你無法在那樣的痛苦與悔恨中成長，
那麼，未來也很可能持續遇到類似的對象，
愛情的終局，當然就難以有所改變。
最後，你將急於擺脫那樣的痛苦與遺憾，
卻又不由自主地留在相同的循環裡。

因此，如果真心渴望邁向幸福，
發自內心珍惜彼此的話，
從現在起，就別再猶豫不前，
努力過濾掉缺乏真心實意的愛情。
放下怨恨、憤怒、嫉妒、吃醋、執著、佔有、閒言閒語、
絕望、欲望、自私、神經質、嘲笑、傲慢、虛偽……
與專挑他人缺點指責的心態，

收起掩蓋純良天性的負面情緒。

改以寬恕、愛、親切、分享、
利他之心、關懷、共鳴、安慰……
發掘對方的優點並給予稱讚，滿懷希望、勇氣與謙卑之心，
採取溫暖的微笑、感激、真誠等奉獻的態度，
透過積極的反饋，鼓舞彼此。

真正美好的愛情，是以溫暖且深情的態度為基礎，
努力成為對方的快樂泉源，一同攜手成長。
願你能擁有如此真摯的愛，從中覓得幸福。

所謂的「同行」

所謂的同行，
就是在一張沒有任何線條的純白圖畫紙上，
融合你和我的色彩，以餘生的時間作畫。
兩個人共同完成一幅畫，
不是件很美好的事嗎？

曾經的你是你，我是我，
如今，我們合而為一，
用愛勾勒出充滿繽紛回憶的畫作，
這不是件令人悸動又著迷的事嗎？

就這樣，我們滲透成為彼此的一部分，
展開在眼前的人生，不再是一個人獨自闖蕩，
而是兩個人攜手共度，充滿心安與踏實。
因此，請試著給予彼此安慰，互相加油，為對方帶來快樂，

描繪出美滿的愛情吧。

將你現在拿著的圖畫紙，視為未來能夠擁有的唯一白紙，

竭盡全力地，畫出愛情的藍圖。

成為彼此獨一無二的堅強後盾，

在對方覺得筋疲力盡、無處可依時，

以戀人的角度給予獨特的安慰；

當發生值得慶賀的事情時，成為在這充滿嫉妒的世界，

唯一一個打從心底為對方開心的真愛。

一起走過所有試煉，在落後時緊牽著對方的手給予引導，

合而為一的兩個人，將會在生命中一同成長。

有如此真心愛惜你的人，牽著你的手，凝視你的雙眼，

時刻提醒你：「加油！有我在，讓我們一起克服吧！」

這世上還有何懼？

你現在勾勒出的愛情，是什麼模樣呢？

對彼此的憤怒與怨恨日漸頻繁，熱情隨著時間消退，

「我愛你」這三個字，不過是掛在嘴上的空談。

此刻，互相望著對方的眼神，充滿了無趣與厭惡……

你是否正描繪著這樣的悲傷藍圖呢？

人們經常會如此辯解：
愛情也有所謂的保存期限，
我們的愛情不過是到期了而已。

但是，我看過許多截然不同的戀曲——
彼此朝向對方，成為永不凋謝的綠意，攜手共度餘生。
類似的愛情，我見證過無數回。

為對方犧牲，也等同於照顧自己；
為對方付出，也等同於讓自己幸福。
我深愛的人也愛著我，就是足以令人感激的奇蹟，
我將竭盡全力去讚頌這不朽的愛。

直到人生的盡頭，
這段愛情都讓彼此一同成長。

願我們的藍圖，能成就一段蘊含美好的愛戀；
願我們的此刻，如同最後一張圖畫紙般精彩；
願我們的愛情，足以綻放出永盛不衰的綠意。

全心全意地愛著你，
只想讓你綻放出如花朵般的微笑，
因為你的快樂，就等同於我的喜悅。

在你水波蕩漾的眼眸裡，我渴望能在你的愛裡徜徉，
希望你能永遠看著我。
當你難受、猶豫、疲倦不堪時，我暗自祈禱代你承受痛楚，
因為看著你難過，對我來說是更大的煎熬。

望著你，也依然止不住眷戀；
鎮日守著你，仍害怕你有片刻離開視線。
多想奪走你把視線停留在其他事物上的時間，
希望你的眼裡只裝滿我。
「我想活在你眼裡」，這句話，我因為你而懂得了。

好想你，任何言語都不足以表達；
想和你在一起，心中的渴望，遠大於字面的意義；
我愛你，連這三個字都盛不住我的愛意。

早晨，直直望著還未清醒的你良久，
多麼美麗又令人憐惜，有你在身邊讓我幸福無比。
我唱著歌將你喚醒，你眉頭微蹙，輕聲呢喃，

那副模樣也讓人心動不已。

我要記住你的所有身影，哪怕是一瞬也不願錯過；
即便看著你，也依然擋不住對你的眷戀。
就這樣，我成為你、你成為我，我們不再是分離的個體。
合而為一的我們，就此永遠相愛與珍惜。

為你著想，就等於是為了我自己，
為我著想，也等於是為了你。
讓我們用愛打破兩人之間的界線，
彼此成為對方的快樂泉源，珍惜、相愛直到永恆吧！

為了遵守那古老的約定，
你在這崎嶇艱險的人生旅途中等待。
在一切歸零的初生，你依然記得我們當初的誓言。

我和上天約定，來生也要和你相遇，
即使宇宙崩毀，我也將不離不棄，
誓言下輩子也絕不分離。
我將日日祈禱，盼望我們的姻緣能夠永無止境。

就算牽著你的手，將你擁入懷中，

內心的悸動也未曾削減分毫，
所以，請和我攜手同行吧。

成為這世界上最幸福之人的方法，其實很簡單，
那就是，牽起我的手。
我愛你，請讓我有資格說出這句話。
請允許我成為你的摯愛，也應允你成為我的摯愛。
讓我們一起畫出美麗的愛情藍圖吧！

即使悲傷如箭弩般射中心臟，
只要我們牽著手，就能重新站起來。
即使走在殘酷的試煉之林，只要我們牽著手，就一定可以闖過。
所以，讓我們牽著彼此的手，繪出世上最耀眼的畫作吧！

如今擺在眼前的圖紙，早就不足以記載我們的故事。
未來的我們，將勾勒出更多屬於兩人的畫作。

我對你的愛，今天更勝於昨天；
我對你的情，明天更勝於今天。

下輩子，下下輩子，直到永遠。

然後，寫下十二篇愛的短詩

墜入愛河的話，任誰都能提筆寫詩，
世界亦將變得多姿多采。
——《郵差》（*Il Postino*）

愛一個人，
就像在聆聽對方心底的詩，
然後把它當作自己的詩一樣背下來。
當對方忘記時，
就把那首詩朗誦給他聽。
——柳時華，〈如果詩人編了辭典〉（류시화, 만일 시인이
사전을 만들었다면，暫譯）

把你的愛寫成詩，讓回憶變得更為璀璨，
成為某個人的詩人，用一顆熾烈的心放膽去愛，
吟唱著其中的熱情與傷痛。

1.

某天，你的心掀起了戰爭，
我是那掠奪者，打算攻破那堅不可摧的心防。

你豎起高聳入雲的城牆，關上那道厚重堅實的心門。
用毒箭射傷了侵略者的心，
發射無堅不摧的大砲，炸毀了士兵們的希望。

然而，一心只向著你的詩人，
終究讓你難以招架。

我派遣甜言蜜語的將士前去拆毀城牆，
用猛烈的溫柔，攻破緊閉的城門。
終於，你對我的警戒威嚇，
轉為了源源不絕的敬意。

軟語呢喃，我將不斷地誘惑你，
字字發於真心，比現在更加甜蜜──
如蒙應允，我將立刻長驅直入。

2.

涼颼颼的風一陣陣襲來，
夏天禁不住熱氣被吹散，
咻一聲逃跑了。

曾經愛過夏天的大樹，
被夏日的愛情背叛，
落寞地晃動。

綠葉枯黃，
落了一地，
淒涼地在地上打滾。

為了抵禦寒冷，
當所有事物都變換褪色，
你在我心底，
依舊未曾凋零，
仍然是永遠的翠綠。

Only For You,
My Goddess of Love and Beauty.

3.

如同天上無數的星子，
在茫茫人海之間的你和我。

但是，今天的風，今天的陽光，
今天的一切，讓我的心只向著你。

無數次偶然散落的花瓣，
命運如此眷顧，
把我的眼神轉向你——

面對所有的星星，我皆感孤獨，
唯有向著你的愛如命定般結成花苞——
一切就像是巧合。
猛然回首，才驚覺我們宛如命中注定的戀人，
成為了彼此的星星之花。

黑色圖紙上的銀河，
你和我，
以及生長於太空的花朵。

如此，
我們成為了同一個地球，
這偽裝成偶然的必然宇宙。

開口吧，
我只愛你一個人，
將只為你，敞開心扉——

4.

我不是為了暫時躲避這殘忍的黑夜，
而用如繁星般燦爛且剎那的心去愛你。

深夜的孤獨與寂寞，
並未勾起我淺薄輕浮的心，
我沒有放棄你，而向任一存在敞開心房。

我不是以照亮黑夜無數星子的
其中一縷光線愛著你，
而是以熾熱的真心，獨獨望向你一人。

初見你的那天，佔據夜晚的微弱星光，
開始顫抖著發出呻吟。
無法承受顫慄與劇烈的搖晃，
眾星們嘩啦啦地，化為流星傾瀉而下。

留在我心中的唯一光芒，
是以你為名的月亮。

高掛夜空，那唯一的皎潔，
我懇切地循著那道唯一的白光，走往你的方向。

如果沒有你，誰也無法為我帶來光芒，
在漆黑的暗夜裡將我照亮。
壓抑大半輩子的寂靜黑幕，
在一瞬間煙消雲散。

你之於我，是照亮暗夜的唯一摯愛。
噢，你是我的救贖者。
我的愛，此生唯你，
懇求你不要拋下這滿溢迫切與渴望的靈魂。

面對即將再臨的夜晚，我將寫信給你。
以眾星們陌生的月亮之語作成此信，
今夜，交到你手裡。

但願我的真誠，足以打動那片天空。
而你，是唯一的明月，高掛我心裡。

但願，我能擁有愛你的資格。

5.

愛，沒有任何理由，
不愛了，則有數不清的條件和藉口。

或許，你也曾經愛過我；
或許，你從來沒愛過我。

我的心，曾經為此動搖，
那微弱的漩渦和感動，有時能抓住你徬徨的心，
有時，又沒能留住。
有時你看似被牢牢綑縛，
有時，又站在遠處冷冷地望著我。

雖然你的心還未遠離，
但眼神，已轉往他方。

往日的碎片沉積，掩蓋住你的真心。
為了收拾這片狼藉，
我畫一條線徑直朝你而去，對你的感情益發猛烈。

你的心，並不是因他人的意向而動搖，
抱著昔日的碎片，你不知該將其置於何處。
碎片的尖角劃傷了你的手，
讓你感受到疼痛，
想起你愛過那塊碎片，與往日的諸多回憶。

原本如此單純的愛情，
隨著日益複雜的情況，一點一滴變得困難；
對你畫下的直線，不知不覺成了失去勇氣的曲線。

複雜的想法讓我躊躇不前，
無法再邁步向你走去。
但是，我依然站在原地等待，
我放開了你，卻也放不開你。

靠近變成了等待，直線蜿蜒成曲線，
但是，我愛你的心意不曾有絲毫改變。

緣分，就是將我心上的繩子留給你，
不再收回。
當你某天想起我，

可以抓住那條繩子，
循原路順利找到我。

在那之前，我將緊握繩子，默默守候。

看著你離我愈來愈遠，繩子愈來愈長時，
我想，這樣的等待與靠近，
或許改變了很多事，
也或許，什麼都沒有改變。

颱風領著夏天揚長而去，
但刻在我心上的你，從來不曾抹去。
如今，我依然深愛著你。

6.

我化作一隻蜜蜂，飛翔於肆意綻放的花叢中。
被甜蜜的香氣與繽紛的色彩吸引，
我就此沉浸在愛情裡，熱情地飛向你。
看著你纖細的身軀在風中搖曳，
我擔心你被折斷，心中忐忑不已。

你的美至高無上，境界超凡，
各式各樣的昆蟲和鳥類，都朝著你奔去。

因為害怕失去你，我經常徘徊流連，
與敵人們展開激烈的爭戰。
有時颱風來襲，攪亂你的人生全局；
有時乾旱降臨，惹得你焦躁徬徨。

即使你是朵還未綻放的小花，
我依然如此愛著你。
不問你過去的理由，
也不管你未來的條件，
我的心，義無反顧地朝你而去。

在某個無風的日子裡，
你僅憑自己的力量，仰起了那美麗的容顏。

期盼，我就此坐在了你心上。
你和我不再是兩個人，而是一心同體。

我保護不了你免受強勁的颱風侵襲，
也阻止不了炎炎烈日照射在你身上。
但無論是凜冽的寒風，
抑或熾熱的酷暑，我都將與你同行。

我以永遠的陪伴來守護你，在你燦爛的花瓣上，
鐫刻著我的愛情誓言。

原本，我只是徘徊在你身邊的微小存在，
但我會和你共進退，成為那唯一與你攜手相伴之人。
在你的花朵裡，我雖然顯得遜色，
但我會賭上性命，以至真至誠的態度去展現。

就這樣，你和我融為一體，
成為永恆的一體，充滿柔情的羈絆。

7.

原以為傷痛已經遠離，
但我仍然孱弱至今。

失去你的那個夜晚，
我望著空虛的天花板苦苦掙扎。

我的呼吸，不復往日活力。

淚水持續在眼眶打轉，
我專挑油膩的食物、拉長睡眠時間，
開車時也總是超過速限。
因為一點小事就發脾氣，甚至弄傷自己，
徹底變成一個敏感又悲觀的人。

遇到你之前，日子平凡無缺；
但是在遇見你又分手後，
你的空缺成了我難以承受的傷，
如釘子扎進心底，時刻刺痛。
沒有你的世界，一片空虛，

從裂縫中鑽進來的，全都是你的畫面。
圍繞著我的所有空氣，
全都扭曲成對你的思念。

你明明已不存在，卻又好像未曾離開。

將深深刻在心底的你從我身上剝離，
等於屠戮了我所有皮膚、臟器與記憶。

我仍然孱弱不已，
曾經愛過你，至今未改。

我依然愛你，

依然

和你進行著別離。

8.

彷若永恆的愛情，
也會像孤寂的落葉般，
在褪色後走向終結。

你給我的愛，
以及我給你的愛，
因為差異過大而分裂開來。
在裂開的縫隙裡，
充斥著孤獨與寂寥。

為了填補空隙，
我苦苦掙扎，
變成了連我都不認識的自己。

但是，離去的心已無法挽留：
縫隙一旦產生，也再難以彌補。
那曾經彷若永恆的愛情走向了終點，
讓我淚流不止。

我愛的人也愛我，

這樣的奇蹟，

並沒有在命運般的相遇和

絕望的離別之間

出現。

淚水似的流星雨，

從天際

像露珠般

無力、無力地

墜落。

所謂的離別，

就是我會對自己未來的眼淚和思念，

對這些痛苦的時光負責。

在覺悟與責任的盡頭，

那些如童話般的甜蜜回憶，

仍不時地籠罩心頭，

攪得我心亂如麻，淚流滿面。

即便如此，我還是選擇放開你。

因為相愛
與離別的責任，
無論何時，
都是相同的
重量。

9.

侵襲陸地的颱風，懷著夏天滾燙的熱情，
遠遠地走向另一片大陸。
彷彿永不停歇的狂風與粗大的雨滴，
現在已看不到，也聽不見，
但依稀能感受到那未知的恐懼與激昂的熱情。

餘留的涼意，被摧毀的大地和建築，
或許，在所有的物事裡，都刻著颱風行經的痕跡。
不是颱風走遠、時間過去，
所有的事就能被淡忘，
如同已經離去的你，留給我的記憶依然鮮明。

涼爽的風，宣告秋天即將來臨。
和你約定永遠相愛的我，
在這蕭瑟的季節裡，孤零零地想你。

一定要相伴才算是愛情嗎？
有時，離別之所以珍貴，
是因為它教會了我原本不懂的依戀與珍惜。

10.

今夏，殘忍的豔陽高照，
灼傷了我的心臟。
離別，已成為了夏日的形容詞。

偶爾，你語言的翅膀
會抹上甜滋滋的蜂蜜，輕快地
飛進我的心房小憩。

當你口渴時，會用尖尖的嘴，
在我的心上鑿出一個窟窿，汲取那滾燙的鮮血，
藉以緩解無盡的渴求。

就這樣，你奪走我的一部分，
讓我屬於你，徹徹底底地。
我成為了你的一部分，不再是我自己……

你是我心臟的掠奪者，
不，是所有心臟的甜蜜小偷，
悄然靠近，神不知鬼不覺，

不留下任何指紋與痕跡，
自此消失。

就這樣，我們分道揚鑣。
我靜靜地愛過你，
然後在你不曾察覺的情況下，分手。

我的血，順著你的脈搏流淌，
在無數的心臟血液之間，
只是個微不足道的存在。

雖然我屬於你，
但你，不屬於我，
也不屬於任何人。

就這樣，我與你分道揚鑣，
在你不曾察覺的情況下，
一廂情願地獻祭。

11.

寒氣凜冽的冬風，
猶如一名冷酷的清道夫，
猛烈地掃除
街道上飄散的落葉。

清秋流逝，
寒冬襲來，
一如愛情消散，
空虛瀰漫。

在急劇的變化裡，
摸不著頭緒的落葉們
鑽進了我的心房，
從世上消失無蹤。

心中寂寞的回憶殘渣，
褪下那無精打采的枯黃，
變成寒冷的冰柱碎片，
將我的一切撕得粉碎。

殘秋渲染鮮血，
火紅超越時空，
所有物事、所有地點、所有時間，
整個宇宙就這樣被鮮血豔染。

我依然愛著你。
蔓延各地的緋紅，
仍保留著我們昔日的回憶，
教我如何忘記？

無論以哪一種型態存在，
無論在哪一個時間點，
無論身處哪一個空間，
我都會在所有表象的背後，
尋找深藏其中的你。

如何將你忘記？
新的季節來臨，
我卻因你而感到空虛。
因為那個季節，不再有你。

冬日用凜冽刺骨的寒氣，
抹去了秋日的所有痕跡，
但我卻無法，將你和秋季一併送離。
如今的我，依然在幻夢之林裡徘徊不去。

無法將你忘懷，
難以放手送你離去，
沒有人足以取代你，
但一切的眷戀，竟是如此虛妄。

送走心愛的人，
竟是如此空虛。

無論即將到來的是什麼樣的冬天，
都只會更加深我對你的思念。

這種空虛感難以抹滅，直至永恆。

12.

炎熱的夏季。當我的手第一次觸碰到你，你的手如同一片飄落而下的白雪，讓我的心猛然凍結。那股悸動，快速地蔓延至全身，除了望著你的眼，我一動也不能動。

而當你願意觸碰我時，嚴寒冬季彷彿就此消失，和煦春日瞬間降臨。你的擁抱，溫暖地浸潤、融化了我和世間的一切。

我能感受到你內心熾熱的純真，我想像你望著我，像天使般吐露率真的話語；我在幻想之中渴望你，只願你能愛我。

夜空中的星星化作瀑布傾瀉而下，給了我一個吻；星光墜落時的璀璨耀眼，如你一般。無數美麗的星星掠過身旁，我依然能從中找到你。因為，你就活在我的眼裡。

初見你的夏日，你彷彿將我的心凍結，那是充滿悸動的嚴冬。接著，我們如同春日一般，毫無保留地相愛。而沒有你的世界，落葉孤單地在地上翻騰，是淒涼且悲傷的深秋。

啊，多希望你和我永遠在和煦的春日裡，彼此相愛。

一位和我交情深厚的姊姊，在經歷八年的戀愛長跑後，
終於順利舉行了婚禮。

她曾經問過我：

「究竟是一年談八次戀愛比較好，
還是八年來只看著一個人比較好？」

我不管怎麼想，都覺得好像後者才是正解。

我也想談一場這樣的戀愛——
昨晚，我有了這樣的想法。

就算滿心都想談戀愛，
但大多時候，我卻完全不敢奢求。

「即便如此，你還是會向我走來；
即便如此，我仍然會向你靠近。」
有些時候，我會在睡前如此安慰自己，
終有一天將遇到命定般的緣分。

然後，在今天這樣晴朗的日子，
我就會忍不住問自己：「緣分到底什麼時候來臨？」

從某處傳來了腳步聲，
好像正朝我走近。

我對著你，你對著我，
彼此都莫名地感到悸動。

當我們依稀想起彼此那古老的誓言，
不禁相視而笑。

Chapter 3

致陷入苦惱的你

我滿懷真誠，
全心全意傾聽你的故事，
成為你溫暖的助力，
希望透過這裡的文字，帶給你安慰。

這些隻言片語，或許無法打動現在的你，
也難以抵禦殘酷的現實。
但，我仍希望對痛苦的你有所幫助、有所安慰，
進一步成為你的力量。

相信這份真摯的情意，
必會傳達到你心底。

回過頭看，讓你感到煎熬的，
是當你傾訴煩惱時，那些蠻不在乎的眼光。
讓你感到痛苦的，是那些欠缺誠意的應對。

因此，我想用自己的一顆真心，
將誠摯的安慰傳遞給你。

如果，你正為愛情煩惱……

$Q.$ 讀完您的文章，我不禁熱淚盈眶。一直以來，我都為了討好對方努力地打扮自己。從現在開始，我也想學會熱愛真實的自我，並以原本的面貌去接受他人的愛。該如何開始呢？

A. 知道我的文字能帶給你安慰，滲透到你心底，實在讓我感到既幸福又溫暖。希望你能遇見一個善良的人，願意認識你的真實面貌，並懂得其中的美麗與珍貴。

為了在第一次見面時留下好印象而進行偽裝，這齣戲自始至終就沒有主角「我」的存在，最終只能淪為悲劇，在痛苦中降下帷幕。因此，必須懂得先關愛自己，在意識到自己的珍貴、熱愛自己原本的面貌時，才能堂堂正正地展現真實的自我。

愛情的第一步，是懂得愛惜真實的自我。唯有如此，才不會因無法展現自我而感到空虛，或因對方愛的不是真實的自己而感到悲傷。為了討好對方所施的演技，或是為了贏得好感而戴上的華麗面具，總有一天會到達極限。屆時，如果對方看到你刻意隱藏的真實面貌，很可能會失望地離去。

相反的，假如對方一開始就喜歡你的真實面貌，因此而進一步

交往，在他面前，你將永遠能做自己，坦率地愛人與被愛。我們的心總是希望能找回自我，渴望受到珍惜與愛護，所以會用空虛和孤獨之類的苦痛，向我們發出「是時候找回真正的自我了」、「讓自己幸福吧」、「別再選擇會讓自己受傷的謊言了」等等的警訊。如今，不妨試著擁抱一下過去不曾重視過的真實自我，和那顆長期被忽略的心吧！希望你能變得更加璀璨與幸福，以真實的自我去愛人與被愛，真心地為你祈禱與加油。

Q. 除了我以外，朋友們都在談戀愛。我覺得非常孤單，又不想隨便找一個對象交往，到底該怎麼做才好？

A. 別太過著急，孤單的情緒，可能會讓你在認清對方之前，就已在內心做出了決定。而由此展開的戀情，有很大的機率會在遺憾中畫下句點。

現在的你，正朝著那個人所在的方向前進，而他也正朝著你走來。在彼此靠近的步伐裡，將通過許多生命的課題，於各自所屬的角色和位置上漸趨成熟。但願你們的緣分不是立基於孤獨之上，而是在生活中受到彼此吸引，帶著「非你不可」的渴望。對方真心地愛著我，而我也真心地愛著對方——當這樣的奇蹟發生、結出動人的緣分時，請務必與我分享。

「為了來到我身邊，這段時間很辛苦吧？現在，讓我們緊緊相繫，幸福下去吧！」這樣的愛情，值得歷經寂寞的等待。珍貴

如你，不該在孤獨中選一個不曉得會不會珍惜自己的人將就。

Q. 因為想符合社會的框架、急著想定下來，導致自己心亂如麻，感到非常痛苦，有沒有解決之道呢？

A. 在組裝機器時，有的人會先看說明書，有的人則是喜歡直接動手嘗試。這樣的問題無關對錯，只是面對的方式不同而已，不必因此過於糾結。正因有框架的存在，態度也會更加慎重，不是嗎？與其一味著重在自己性格上的缺點，不妨往好的一面思考看看。

希望你能先放下對框架一事的判斷與罪惡感，接納內心的真正想法。接著，以自己最真實的狀態，感受一下目前所處之情境。如此一來，必定會有感到痛苦的部分，也會有自認做得好的細節。在親身經歷、碰撞過後，內心感受到某種情緒，就會自動導正那些需要改善的地方。例如因某件事而感到難受的話，未來就會藉此經驗，以其他途徑來面對和處理。自尊感不應是聽聞或學習來的淺薄表象，而是要以實際生活中感受和體會到的經驗為基礎，培養自我存在的深度與自信。

因此，暫時放下目前的判斷，以真實的自我去體驗生活，讓自己順勢去學習吧！假如我所選的某種方式，或具有的某種傾向會讓自己感到痛苦，那麼就算不去刻意雕琢，也自然會隨時間改變。此外，健全的自尊感會指引你遇見更好的對象，如今的

「框架」自然也會有所改變。

總而言之，不管你現在的框架是什麼，其實都無妨。只要在生活中竭盡全力，認真地去體驗、感受與學習，然後放手讓自己去闖蕩。生活中實實在在的經歷，不僅會將你磨練得更加璀璨，也會為你帶來轉變與成長，讓你過得加倍幸福。

Q. 您曾寫道：「懂得獨處的幸福，與人共處時才會幸福。」讀到這句話時，我的心猛然被觸動……要怎麼做才好呢？

A. 如果不懂得享受獨處時光，那麼在遇到另一個人時，肯定會變得更加依賴和執著。愛情是兩個人在相處中互相鼓舞、一起成長，因此我們必須先擁有完整的自我，如此一來，吸引我的人和被我吸引之人，也才會是獨立的個體。

我認為讓自己變得完整，是展開健全戀愛的第一步。正所謂「物以類聚，人以群分」，唯有當自己先成為好人，才能被好人吸引，同時吸引到好的對象。永恆的愛情，包含了彼此朝著成長的方向邁進；倘若缺乏追求進步的態度，這樣的愛情勢必無法走得長久，最終將面臨褪色和凋零。此外，如果希望遇見理想對象，被合適的人吸引、也吸引到合適的人，是不是應該先反過來要求自己呢？

真正愛惜自己的人，無論何時都會優先強調理解、體貼與尊

重，而不是憤怒、無禮或壓迫。我們有多愛自己，決定了我們能為他人付出多少愛。因此，假如自我的存在不完整，那麼兩人在交往的過程裡，望著彼此的眼神將失去情意，枯燥與怨懟的冰河期也將更快來臨。理解與體貼、尊重與寬恕、對另一半的鼓舞與寬容、想要一起幸福的決心，以及願意為對方犧牲的真情實意等，如果想擁有這些，難道不該讓自己先變得茁壯與完整嗎？

假如現在的愛情，是由兩個不夠完整的人所組成，經常吵架、互相強迫、態度執著，頻繁地對彼此撂下重話，眼神時常帶著埋怨與無奈，那麼不妨試著一起努力，讓兩人的愛情進一步昇華。這樣一同變得完整、一塊走向成長的愛，肯定會非常迷人。在彼此完整的前提下展開的戀情固然美好，但已經攜手一段時間，在相處的過程中追求突破的愛情，也同樣美好又燦爛，最終也能往成長的方向邁進。

Q. 缺少合適對象，所以一直沒有談戀愛，也不覺得特別孤單。但是隨著適婚年齡愈來愈近，家人、朋友的質疑讓我開始覺得自己是不是有問題。人們都強調要累積戀愛經驗，像我這樣完全沒談過戀愛的人，究竟該怎麼辦？

A. 我不認為人生一定要談戀愛，如果身邊有合適的對象，談場戀愛固然很好；但若無優秀人選，一個人也無妨。你沒有被孤

獨感淹沒，過得很幸福，所以才一直沒有談戀愛不是嗎？我反而覺得這樣的你很瀟灑、帥氣呢！

所謂的美好愛情，不是為了填補自身的寂寞或不足，而是一個人可以過得很好，兩個人時感到更加幸福，並且願意成為對方的安慰與支柱，彼此互相激勵。

也許有一天，會有個讓你渴望共度一生的對象出現。長時間的觀察與相處，了解一個人的深度與溫度，才能確實掌握對方的全貌。然而，很多時候我們會被孤獨所困，在好好認識一個人之前就決定交往。人在飢餓時，會連平時不喜歡的食物也吃得津津有味；但是在酒足飯飽之後，絕對不會讓討厭的食物入口。同理可證，寂寞孤單的心境，總是會阻礙我們雪亮的目光與清晰的思路。

因此，希望你不要感到心急，現在的你已經很不錯了，而且做得非常好，總是抱持著健全的心態，在自己的領域全力以赴。我相信總有一天，會有一個愛護你、珍惜你的人陪伴在你左右，而且這份愛情，肯定美好到讓周邊的人都欽羨不已。對象若不夠好，你也不會輕易地墜入愛河，因為你不是苦於孤獨，而是用獨立且完整的自我去挑選對象。

「唯有我先成為好人，才能遇到好的對象」，這句話反過來說，就是當我足夠好的時候，便不會被不理想的對象吸引。我相信，你不會屈服於孤獨，而是能夠保持健全的心態，遇到一位真正想長久走下去的對象。

Q.跟男友好像彼此厭倦了，但分手的話，過去這段時間好像都白費了……如今我對眼前的這個人已沒有心動的感覺，對方也漸漸違背應該遵守的底線，讓我有些反感。我應該怎麼做才好呢？

A. 戀愛初期的悸動與緊張，肯定非常強烈與刺激。但長期的交往若能給予彼此信任與支持，也是朝著成長的方向前進。和一個熟知我的一切、能包容並理解我的缺點的人相處，不是更加輕鬆嗎？那種自在的感覺，是否比悸動更貼近愛情？兩個不同的人在一起，偶爾會吵架，也會產生磨擦，但最終仍會以同一種顏色互相浸潤，彼此調和。

熟悉意味著不用多加解釋，光用眼神就可以交流；在一起度過的時間裡，累積了無數美好且燦爛的回憶；雖然偶爾會吵架或鬧彆扭，但緊緊相握的手從來不曾放開，試著把那些因太過熟悉而忽略的珍貴刻在心上吧！希望你繼續攜手相伴的對象，也是懂得將這些刻在心底的善良之人。如果因為熟悉而彼此厭倦，那麼不妨一起抽空散散步，坐下來聊聊彼此有哪些值得感謝的地方。有時候，比起無數的優點，我們會更聚焦在一個人的缺點上，甚至對其心生埋怨。

因此，讓我們試著以感恩的心，去擁抱那份長期累積下來的熟悉與溫暖，毫無掩飾地向對方表達出感激如何？假如懷著這樣的心，那麼相信無論在一起的時間有多長，彼此對視的眼神裡

都會飽含深刻的愛戀，且將更願意奉獻自我，傾注相互珍惜的真誠。因為，這段關係擁有只屬於我們的色彩，沒有他人可以取而代之，是世界上最珍貴的顏色。

假如雙方並未帶著上述情感，只覺得倦怠大過於珍惜的話，那麼我認為這段戀情已經走到了終點。因為無法隨著時間推進而加深，反倒瀕臨枯萎的愛情，一定無法讓彼此感到幸福。但是，因為對彼此厭倦而分手，之後就算再遇見新的對象，那顆容易捂熱也容易冷卻的心，並不會有任何改變。我認為應該盡可能地去發掘一段關係的珍貴之處，唯有如此，才能在每段關係中找出值得珍惜的部分。

隨著自己的心意，做出沒有遺憾的決定，並且也努力過的話，相信最後就不會徒增後悔。不管你做出什麼樣的決定，我都會為你加油，祈禱你的戀愛能綻放出幸福的花朵。切記，千萬別被熟悉感蒙蔽，而忽略一段關係裡的珍貴。

Q. 關於理想型，我通常會回答：真心愛我且個性善良的人。但實際上的我雖不想考慮對方的外在條件，卻總是露出勢利的一面。如何明智地克服呢？

A. 據說人生在世有三個階段：第一階段是執著於自己擁有什麼（Having）；第二階段是集中關心於自身行為（Doing）；第三階段則是放在自己將成為怎樣的存在（Being）。假如經常把

自己的想法以這三個階段來類比、加以觀察，就可以明確知道自己是否懂得珍惜生活中的美好價值，或總是把焦點放在其他地方。

懂得解讀我的內心、會用充滿愛意的眼神望著我、真心理解我的痛苦、堅強地給予彼此安慰與支持、面對生活與愛情的重量、擁有一肩扛起的責任感、可以分享一整天的酸甜苦辣、值得信賴且溝通無礙……等，像這樣心靈相通的人，才能讓我真正感到幸福不是嗎？倘若缺乏真誠，任何事物都無法填補內心的空缺。

在提出疑問之前，你似乎已經知曉自己所計較的那些價值，並不會真的讓人感到幸福；所以，你是否想從我這裡聽到一些能導正思維的提案呢？試著仔細傾聽內心的聲音吧，因為在你的心底，一定隨時都有明確的答案。假如自己的選擇招來了不幸，進而感到空虛的話，那正是內心拋出的信號，希望你能為了幸福而看看其他選項。

請選擇一條能夠讓內心感到滿足的道路，也務必銘記：真正具有價值的事物，通常都是肉眼看不見的，希望你的生活被點綴得燦爛又美麗。

Q. 生活背景和價值觀不同的兩個人，真的很難互相理解、忍耐與包容……唉，所有的一切都好難，我們能

否成為彼此那「對的人」，邁向幸福、變得堅強呢？

A. 所謂「愛情」，就是兩個擁有不同色彩的人相遇，逐漸融合為一個全新顏色的過程。假如在融合的過程裡出現壓迫或控制，愛情就會失去光芒，慢慢地枯萎和褪色，並受到動搖。倘若真心相愛，彼此都會為了對方主動犧牲自己的某一面向。為了給對方帶來快樂，我們會調整自己的某種色溫，以求配合對方的色調。曾經的你和我，以愛為名而逐漸融為一體，是多麼迷人美好的過程呢？

因此，與其和一個堅持本色、不願接納其他色調的人在一起，不如和一個樂意與我創造新色的人共度；反之，我們也應該對對方抱持著相同態度。我認為，當彼此相愛時，即使不特別努力，也會由衷表現出這樣的心境。因此，為了尋得真愛，必須先敦促自己成為一個成熟的大人。隨著時間流逝，戀愛初期感受到的熾熱情感，會如外殼般逐漸脫落。最終我看見的他，以及他所面對的我，都將不再存有熱戀濾鏡，而是回歸冷靜後流露出來的真實模樣。

隨著愛情日漸降溫，我們終將以自己最真實的模樣，面對眼前的關係。因此，在愛情面前重要的不是情感，而是人。因為到頭來熱情會冷卻，只留下彼此最原始的面貌。所以，為了遇見永恆的愛情，平時必須勉勵自己成為好人，並且多與親切、正直的人來往。同時，我們也應督促自己擁有成熟的態度。

現在即使有些不足或生澀也無妨，因為人本來就是透過生活中的經驗學習和成長，所以不必為此感到焦慮。另外，也不要覺得自己不完美而陷入內疚，因為我們的精彩正來自於此——不完美的我們誕生在這個世界，逐漸成長。因此，請放手去體驗吧！有時大吵一架，有時盡力迎合，埋怨對方不願讓步……就這樣，相異的兩個人彼此慢慢磨合。希望你能在此過程裡學習到許多事物，心態日漸成熟，戀愛關係也跟著昇華，彼此相處的方式亦漸趨穩重。無論現在的戀情是永恆，或是擦肩而過的緣分，只要盡自己最大的努力去面對，我相信日後你的愛情都會更加燦爛耀眼；不論遇見什麼樣的對象，都會比現在這段關係更加幸福。

Q. 如果想和另一半坦誠相待，經營美好的愛情，請問需要具備什麼樣的心態呢？

A. 不要刻意偽裝自己，以真實的模樣和對方交往吧。找到疼愛自己本來面目的人，同時去喜歡對方最真實的面貌。就算會在外貌上精心打扮，也切勿在本性上刻意喬裝。比起外在，請盡量多觀察對方的心，尋找一位能把你的快樂當成自身快樂的人；而為了成全彼此的快樂，請主動向對方表達心意。透過這種犧牲奉獻的精神，原本完全不同的兩人，將緊密地連結在一起，創造出全新色彩。

請隨時把這幾個問題放在心底：今天該如何讓你感到幸福呢？
該如何把快樂傳遞給你？藉由理解和體貼來鞏固關係，而非一
味地控制和佔有。因為相愛，所以要努力無愧於彼此；別因為
對愛情的責任感到負擔，就把目光轉向其他異性。在面臨難關
時，請成為能夠給予彼此安慰與支持的堅實後盾。

請試著努力看到對方的優點吧，用那樣的目光鼓勵對方；別因
為對方不懂得道歉，就把芝麻蒜皮的小事鬧大。為了讓彼此的
心綻放出喜悅之花，請毫無保留地傳達對彼此的愛意。接著，
為了讓那朵花成長茁壯，請務必在這段關係上投注真心，讓雙
方的生活目標都有彼此存在，讓彼此的愛一天比一天更加深
厚。如果兩人心意相通，愛情將會永不枯萎，持續綻放青翠的
綠芽。

Q. 我和男友經常吵架，他總是會大發雷霆，就算勸他，他也聽不進去。這段愛情好像沒有改善的空間了，我該如何是好？

A. 如果口口聲聲說愛你，但又讓你感到痛苦的話，這種關係會
不會只是種執著與迷戀？假如給予對方的不是快樂，而是一連
串的痛苦，這種情況又如何稱得上是「愛」？

我是這麼想的：人在犯錯時，絕對不會認為自己的行為有失，
因為每個人都試圖在自己的能力範圍內做出最佳選擇。因此，

直到意識自己的錯誤之前，當事人絕對難以接納他人的建議。對不覺得自己有錯的人來說，你的期待可能只是一種控制或壓迫。談戀愛的對象，必須懂得表示：「我知道了，原來你因為這件事而傷心，對不起。」亦即，具備傾聽的姿態、有改進的意願，知道「自己現在並不完美，隨時可能犯錯」的謙遜對象。如果不是這樣的對象，在一起時很可能會互相傷害、爭吵。戀愛是兩個不同的人相遇、成為一體，倘若缺乏彼此理解的態度，就難以互相磨合，攜手走一輩子。如此迥異的兩個人同處一室，隨著時間流逝，終究只會為對方帶來創傷和痛苦，不斷惡性循環，理所當然會迎來離別的結局。

最終，在這段感情裡，當受到的痛苦比愛意更深刻時，你將會主動做出分手的決定。在你自己下定決心之前，任誰說什麼你都很難聽進去，這就是所謂的「分手」——完全取決於自身體會，以及個人的抉擇。

因此，試著再經歷一回、相愛一場吧。有此經歷，你才能做出自己足以承受與負責的決定。如今，比起對愛情的迷戀，當你覺得繼續交往下去更痛苦，或者確信無法與眼前的人攜手終身時，不管別人說什麼，你都會下定決心終結這段感情。但願在此過程裡，對方的心境能夠有所變化，成為一位足以帶給你幸福的對象。

即使痛苦，希望你也一定要有所學習與成長。祈願你的愛情、離別和所有回憶，總有一天會成為一份燦爛的禮物。

Q. 男性朋友對我總是抱著騎驢找馬的心態。為什麼他們老是帶著輕浮的態度接近我呢？嗚嗚……

A. 我想，或許是你不夠愛惜、珍視自我。聽起來雖然有些刺耳，但我希望你能聽我把話說完。

所謂「不夠珍惜自己」，就像是有人說你很漂亮，比起欣然接受，你反倒會開始懷疑自己。如果有人說喜歡你，你就會深究其中的原因：「為什麼是我？」我們在潛意識中對自我的評價，會連帶影響自己將遇見何種對象。假如我覺得自己不值得珍惜，就會認定自己沒有資格被愛，而這樣的想法也會傳到他人心裡，以至於只能吸引到相應的人。

如果你是個高自尊、懂得愛惜並珍視自我的人，類似的能量也會傳達出去，那麼，態度輕浮的男性們鎖定的目標就會是他人，而不是你。此外，是不是也有成熟穩重型的人靠近過你呢？要不要試著先改變一下自身能量，努力看看呢？在我們改變心態、趨於成熟時，過去很多頻繁找上門來的事，就會自然獲得解決。

因此，為了改變，努力一下吧。首先，不要接觸或涉足任何低能量的對象及場所。離婚的人如果想成功再婚，比起參加離婚者的聚會，加入再婚成功者的聚會聊天、交流情感與能量，是不是更有幫助？同樣的，試著和戀情長久、穩定的人交朋友，多與性格坦率、慎重的人見面；與其經常跑夜店，不如花點時

間去看展覽，培養懂得欣賞美與感動的眼界。訓練自己擁有審美的心，如此一來，眼前看見的將不再是淺薄的表面，而是一般人不易察覺的深度，並連帶養成判斷事理的能力，得以讀出對方的意圖與能量。當你懂得珍視、愛惜自己的人生，擁有高度自尊感時，能量就會產生變化，過去在你身旁徘徊的輕浮之人，自然會走向他處，你或對方都不會再受到彼此吸引。

你聽過「破窗效應」（Broken windows theory）嗎？這則理論講的是當有一扇破裂的窗戶被放置不管，犯罪事件就會以該地點為中心開始擴散。意即，如果放任小地方失序，就極有可能引發更大的問題，而這樣的概念，也可以套用在人際關係方面。假如你懂得珍視自我，擁有高度自尊感，別人也會重視和愛惜你；相反的，如果你放任自己在泥淖中掙扎，人們就會用同樣的視角看待你，以輕浮的態度與你交往。能夠自我守護的最佳保護傘，就是你的高自尊感。倘若你成為擁有高自尊的人，那麼你遇到的對象與環境等，都會自然有所轉變。

無論何時，改變都要從自身做起。只要你願意改變，一切自然就會有所不同。別忘了，只要你懂得欣賞自己，你永遠都是值得被珍惜的存在。

Q. 我好像屬於情感匱乏的類型，雖然知道男生是別有目的才會對我講些甜言蜜語，但即使是這種愛情，我也止不住內心的渴望。該怎麼做才能終止這樣的生活？

A. 你應該既傷心又煎熬吧，看著自己不斷做出違心之舉，內心一定也充滿了罪惡感，那樣痛苦的心境該有多複雜呢？讓我們一起來想想辦法吧。

首先，我希望你一定要知曉，喬裝成甜蜜的欲望裡不存有真心，所以你的空虛絕對無法被這種即興式的交往填滿。你和你的心，渴求的一定不是這些——內心深處的你，渴望得到的是足以撫慰心靈的真愛。

你知道人為什麼會對某些事物著迷不已嗎？真正的幸福，是從內心泉湧而出，但內心若是缺乏導引幸福的自尊感，對生活的滿意度也很低的話，就會開始依賴外在事物。以為外在事物所帶來的即時滿足，是自己所能嘗到的最大幸福。但是，由此獲得的幸福感相當短暫，不久後就會再次感受到空虛，因此會再次投入尋找即時性的滿足，循環導致成癮。

戰勝成癮的方法很簡單，只要找回內心的完整，恢復愛護與珍惜自我的自尊心，就不會再耽溺於外在那些暫時性的滿足。因為當你的氣質有所改變，被你吸引的對象也會跟著變化。假如你足夠愛自己，那麼被你吸引的，也極有可能是懂得自愛之人。因為人必須先懂得愛自己，才有能力去愛他人，再到真正地彼此相愛、填滿對方的心，互相鼓舞。因此，先從珍惜自己，熱愛自己的生活開始吧！

試著反覆告訴自己：如今的我，是非常珍貴的存在。「你是非

常珍貴的人，感謝有你，我愛你。」請經常像這樣自我提醒。從早晨睜開眼到入睡之前，練習用「愛的角度」來看待自身的所有行為。正在刷牙的我、走在路上的我、呆呆地望著天花板的我、正在用電腦的我、和朋友們閒聊的我……不管是哪一種面貌，全都值得被愛。

假如內心充滿愛，我們就會打從心底覺得幸福。不僅對生活的滿意度提高，也會認為現在的自己足夠幸運，由此萌生感激之情。接著，你會漸漸擺脫對外界的依賴，一步步變得完整，自尊感也隨之上升。而這種正向的回饋，會持續鼓舞你朝著積極美好的方向前進，讓你更加珍惜、熱愛自我的真實面，不再被外在事物迷惑，做出傷害自己的行為。

此外，試著將愛的能量發散出去吧！用愛看待毛小孩和路過的人群，用愛凝視父母與朋友，用愛觀察路邊盛開的花草樹木，將身邊的一切都套上愛的濾鏡。你不需要特別做什麼，單單如此，就能讓人們對你的態度開始改變——想留在你身邊，以真心相待，並且對你表示感謝。不過是改變了自己、改變了生活的態度，圍繞著我的世界就跟著發生變化，這就是「愛」所具有的力量。

懂得愛自己，進一步去愛他人，如此一來，某段美好的姻緣就會從遠處緩緩向你靠近。用真誠與坦率放手去愛吧！不要只為了暫時忘記孤獨或消解欲望而互相利用，愛情應該是獨立的兩人，因為相遇而變得更加完整。透過不斷交流，內心變得豐富

多彩；用飽含愛意的表現，為彼此帶來快樂。請不要放棄這樣的幸福，因為你完全擁有被愛的資格！

一直以來，你因為缺乏愛而感到痛苦，又在受傷後陷入自我埋怨。儘管如此，你仍舊對愛情充滿渴望，所以才選擇一條會遍體鱗傷的路，不是嗎？如今，請試著關愛自我，以溫暖的擁抱來治癒過去的傷痛，成就完整的自己；提高曾經跌入谷底的自尊感；從被不懂得珍惜自己的人利用，到能夠甩開他們，與珍愛我的人攜手共度；在愛情的溫暖懷抱裡露出明朗的笑容，邁向幸福。

Q. 對方強調外貌不是重點（已經看過照片），但實際見面後情況卻不是如此，而且在那天之後就失聯。男人這種動物，就算對女生的外貌完全不滿意，甚至不想再見面，仍然會出自本能地先滿足欲望嗎？

A. 你一定很難過吧。我擔心你因為這次的事件而關閉心門，自尊感下降，一個人悶悶不樂。其實，不是所有的男生都這樣，但那一天你卻遇到了這種類型。

首先，不要再等對方的消息了，不管他是什麼樣的人，都不值得你付出信任，最終只會讓你留下創傷。即使對方主動聯繫，也建議不要回覆，因為同樣的事一定會反覆發生。假如對方是一個好人，絕對不會在一開始就讓你如此混亂和痛苦。

透過這次事件，你將學到更為謹慎的態度，所以希望你別過度責怪或埋怨自己。與不合適的對象擦肩而過的經驗，也會讓你日後不錯過真正的姻緣。我的建議也許聽起來很無情，但比起一直糾結於過去，陷入怨懟和痛苦，不如將之視為成長的基石，努力成為更好的自己。如此一來，下次就不會再經歷同樣的情況。

希望這件事不要成為你緊閉心門、把痛苦和怨恨堆在心底的導火線，而是足以擁有更加美好、正確目光的契機。但願這次的事件，能為你送上慎重與智慧，用以區分哪些人是帶著虛情假意靠近你。識人的關鍵不在於對方初期的模樣或話語，而是隨著時間流逝所展現出來的行為。我們需要培養耐心，別急著下判斷，而是先靜靜地觀察一陣子，選擇一位內在與外在都真誠的對象。唯有發自內心的珍惜與關愛，才能填滿彼此心底的空洞，互相成為對方的安慰與支柱。

所以，為了遇到一位生活踏實的率真之人，請試著再努力看看吧。透過這次事件，不是也有所收穫嗎？「人有可能會表裡不一」這個道理，不再是從某人口中聽聞，而是自己在人生中體驗和感悟到的深度智慧。雖然很困難，但為了讓這次的經驗成為一帖處世良藥，預防日後碰到更大的傷害，願你能放下對創傷的埋怨、自責與後悔，著眼於自身的成長。唯有如此，當再次遇到類似的事件時，你才能做出不一樣的選擇；也唯有如此，你才能和更健全的人相遇。

唯有改變自己的選擇，生活才會起變化。你應該明白，在不改變自我的情況下，一味地渴望世界為我轉變，這種想法只是不切實際的期待。藉由這次的學習，日後你將得以遇到心地善良的對象，因為你已有了區分好人與壞人的智慧。這位在你人生中微不足道的過客，將讓你遇見值得付出一生的良緣。假如把這些視為學習的代價，痛苦似乎也不再那麼難以忍受了吧？

在分手與離別之後

Q. 你是否曾有過對某人難以忘懷的經驗？曾經有段時間真的很喜歡對方，但我們現在各自與不同的對象交往中。即便如此，我還是經常想起他。我不曉得這究竟是愛、迷戀，抑或只是對舊時的追念？

A. 你的內心似乎十分混亂。我是這麼想的：徹底地完成分手課題，是對下一段戀情最基本的尊重。你至今仍對當時那個人念念不忘，是不是因為你還沒完成自己該做的分手功課，就直接展開下一段感情？

曾經結伴同行，全心全意地付出和相愛過，分手後突然回到一個人的狀態，肯定會有強烈的孤獨感襲來。可是，如果因為無法戰勝孤獨，就決心展開新戀情的話，那麼下一段戀愛，終究會因我的不完整，而讓彼此同時陷入痛苦。

在分手後，必須克服隨之而來的傷痛、思念、迷戀、孤單與寂寞，重新站起來，找回一個完整的自我——這是分手後該負的責任，也是我應該完成的課題。唯有慢慢抹去過往戀人的痕跡與色彩，成為完整、獨立的自己，才算做完分手這項功課；帶著健全的心態，也才能成就下段戀情的圓滿。

就像對愛情有責任一樣，分手也有所謂的責任，而且絕對不輕鬆。不過，這就是我必須肩負的課題。假如我未能盡到自己的責任，就貿然尋找新對象，那麼在我向過去好好說再見之前，愛情就總是會飄搖不定。所以，哪怕是現在，也請你務必對當時的感情，徹底做出告別。

不能為了躲避如雨水般傾瀉而下的思念與迷戀，就將他人的懷抱當作雨傘般依賴。就算淋得全身濕透、瑟瑟發抖，得了感冒且難受不已，也要徹底向過去告別。當你可以獨自撐起一把傘，才是時候開啟下一段戀情。請求現在的交往對象給自己一點時間，好好地向過去說再見吧。先暫時回到一個人的狀態，待獨處時也能過得幸福之後，再重新與現在愛著你、等待你的人繼續走下去。老實說，這麼做可能會讓對方相當難受，所以不妨藉助其他善意的理由，獨自走過這段混亂期。

唯有如此，你才能和對方攜手相伴，擁有健康的愛情。

Q. 經過長時間的交往，最終還是分手了。考慮很久才做出這樣的決定，所以我不覺得後悔，但實在太煎熬了。該怎麼辦呢？

A. 你一定覺得很難過吧……與曾經攜手同行、相愛過的人分開，怎麼可能無動於衷？就算是因為無法再一起走下去了，所以主動提出分手，這樣的離別也不可能毫無波瀾，這個決定肯

定很不容易，你應該思考、猶豫了無數遍，實在辛苦了。

請相信做出這項決定的自己，並以信念來戰勝離別的痛苦。現在的你，可能會因身邊突然多出的空位而感到寂寞，甚至想重回過去的時光。但是，唯有勇敢跨越這道檻，徹底完成離別這項課題，才能展開新的戀情。

因為無法共度一生而走上分手之途，確實非常煎熬，但請你一定要咬緊牙關，克服眼前的痛苦。如此一來，才能以更成熟、健全的心態，去找到一位可以終身相伴，真正愛護和珍惜你的對象。

總是把焦點放在對方身上，忘了照顧自己的你，現在這段分手的過渡期，就是回顧自我的最佳時光，真心祝福你能找到更完整的自我。

Q. 我至今仍深愛著對方，極力想挽回戀情；不過，對方已經對我感到厭倦。我認為沒有人能像我一樣給他幸福，希望能把自己的心意傳達出去，該怎麼做才好呢？

A. 假如你還深愛著他，親手寫一封承載著真心的信給對方如何？與其催促和強迫對方接受你的愛，不如先把自己的想法完整地傳達出去，等待對方的回應。唯有對方自願選擇與你在一起，這樣的愛情才會讓彼此都感到幸福。倘若自己的真心無法感動對方，那麼就應該尊重其選擇。

倘若你真的愛他，請尊重並理解對方不想待在自己身邊的心情；與其因為痛苦而把對方強留在身旁，不如為其幸福而心甘情願承受離別的重量。

單方面地執著不放手，並不是愛一個人的表現，而是只顧慮到自身的心情與感受罷了。不能自認為他在我身邊最幸福，就要求對方不能脫離這段戀情。雖然離別很痛苦，但放手祝對方幸福，亦是對他最後的愛與體貼。

因此，不能眼見自己的心意無法觸動對方，就對其施以各種壓迫，讓對方痛苦不堪。若你認為自己最能讓對方感到幸福，就應該站在他的立場上考慮他的感受。切勿因為自己承擔不起離別的傷痛，就選擇把痛轉嫁到對方身上。

假如對方在你身邊真的感到幸福，肯定也不會選擇離去。對方幸福與否的基準並非取決於你，因此，請試著體貼對方，無論他做出哪種選擇，都希望你能理解和尊重，因為這是分手時所能表達的最後的愛。

切記，愛情是只有在彼此身邊感到快樂，自願待在彼此身旁時才會幸福。強迫不等於愛，只是一種自私的表現。即使強行挽留，對方終究會轉頭離去。所謂的「良緣」，就是我希望讓對方開心的舉動，在對方的立場上也感受到快樂，綻放出燦爛的笑容。因此，假如自己的心意無法觸動對方，最終走上分手一途，那就代表自己的良緣尚未到來。透過各種經歷，我們都在尋找自己的命中注定，真心為你的姻緣、命定和幸福加油。

Q. 和男友分手了，直到最後一刻，我還是為他準備了禮物，但他卻依然那麼冷酷無情，好討厭最後仍為他著想的自己。期待遇到一位能理解我的付出，也懂得感激的對象，我到底該怎麼做呢？

A. 你一定很難過吧。儘管如此，我還是盼望你不要被眼前的困境擊垮，能繼續堅持下去。但願此刻經歷的痛苦，都是讓你變得更加成熟的契機。

你是否想過，或許你愛的不是對方，而是自己在愛裡受到的傷害？你喜歡的，是不是在受傷後痛苦不已，覺得自己既可悲又可憐的想法呢？雖然付出了一切，對方卻仍無動於衷——你執著的，會不會是對他的怨恨？不管有意或無意，在這段戀愛關係裡淪為受害者的你，是不是對這種深感不幸的自我憐憫有點難以自拔？

很多時候，我們會一直遇到相似的人際問題，雖然在關係裡感到痛苦，但同時也在其中汲取某種情感上的補償，像是巧妙地享受被害者角色等等。因此，假如我可以不再透過怨恨與自憐去獲得情感補償，那麼相同的事件也就無法再對我造成困擾。

對腦海裡恨意翻騰，因此過得不幸的人來說，最好的解決方式就是忘掉、放下仇怨。可是，為什麼我們明知道方法，卻始終做不到呢？關鍵在於我們其實不想忘記，甚至藉此微妙地享受某樣事物。

如果你真的想遇到合適的對象，強烈渴望擁有幸福的愛情，並且有意擺脫這種狼狽不堪的生活，就趁此機會做出選擇吧。下定決心從現在開始改變——不再讓看輕我的人予取予求；不再降低自尊感，勉強去迎合不懂珍惜我的對象。倘若你認同自身的珍貴，就必須要自我守護。

遇到不尊重自己的對象時，自尊感高的人通常不會與對方親近；反之，自尊感低的人會認為「我能受到這種待遇已經很不錯了」，對現況加以容忍。即使內心充滿痛苦與埋怨，仍然會繼續待在同一位置上。你真的應該被那樣對待嗎？你是如此看待自己的嗎？請試著以對自我的珍視與愛護，讓人生有所成長，跳過同樣的課題吧！你覺得自己有多珍貴，就會成為多麼珍貴的人，因為你的價值是由自己所創造。

如今，試著擺脫不幸的自我憐憫，清楚地認知到眼前的生活不是他人造成的，而是自己做出的決定。接著，從現在開始，嘗試找回自己的完整，學習表達自身意願，勇敢且明確地指出不喜歡的事物。初期或許有些困難，但一定要多加練習如何守護自身的價值與珍貴，別再被牽著鼻子走。

當獨處時也能過得幸福，就不至於任人擺布，因為你不會再害怕如果對方討厭我怎麼辦，或是擔心如果只剩我一個人時該如何。此外，當你擁有高度自尊感，在人際關係上通常能獲得較多的愛與尊敬。

因此，嘗試改變自己散發出的氣質吧！當你飄散出的香氣有了變化，你也將吸引到不同的對象——真心愛護你，讓你的心充滿豐盈與喜悅，讓你的存在更加閃耀動人的人。為此，你只需要多疼愛自己一點，這些理所當然的事，不過是來得晚了一點。別忘了，你有多愛自己，就會從這世上收到多少愛。

Q. 今天，我們把關係整理清楚了，我將再次回到一個人的日常。雖然很難受，但時間會治癒一切吧？

A. 時間流逝，眼下的傷口會逐漸癒合。然而，如果不能隨著時間一同成長，日後仍會因同樣的事件再度受傷。隨著時間流逝，必須練習讓自己變得完整，並從中獲得成長。因此，希望你不要過度依賴時間，而是要把焦點放在自身的蛻變：把現在的獨處時光，視為成就自我的良機，以愉悅的心情度過。人生總是會適時地拋出我們足以承受的苦難，敦促我們長得更加茁壯，因此，不要試圖閃躲或逃避眼下的痛苦與艱難，應該好好去面對，為治癒痛苦而竭盡全力。

過去這段時間，有些事總是需要找人結伴同行，如今不妨獨自去試看看。一個人欣賞電影、一個人吃飯、一個人旅行，或者為心情低落的自己買份禮物。在獨處的時間裡，請傾聽內心想對你說的話，徹底去面對以前因為害怕而逃避的事物，一天天地成長，讓內在變得更加美麗。接著，努力去珍惜與愛護自我

的真實面，趨於豐實的內心與自尊感，日後將會保護你免於受到傷害。

倘若能與時間一同成長，眼前這種讓你心亂如麻的事再度發生時，你就不會再受到動搖，反而可以帶著微笑通過考驗。請務必銘記在心，「傷口會隨著時間癒合」這句話，其實只說對了一半，如果未能在創傷中加以成長，日後也會為類似的事件受傷。因此，如今的你站在成就與提升自我的轉捩點上，請千萬不要逃避，要藉由這次的經驗，邁向更加幸福的道路。

Q. 昨天和男友分手了，才隔了一天他就交了新女友，我不曉得該如何接受眼前的現實，真心感到厭惡與怨恨。

A. 所謂「分手」，就是允許對方投入他人的懷抱，把曾經放在我身上的目光與關愛轉給另一個人，並將過去緊牽著我的溫暖傳遞給新的對象，而我對此皆懷有覺悟。

一旦分手，就沒有立場再去追究對方的過失。但能如此快速地整理完感情，馬上銜接新的對象，可見對方並非是個成熟穩重的人。或許你會感到既傷心又憤怒，但他有他的戀愛方式，你也有你的愛情思維。因此，比起持續地埋怨對方，不如接受分手的現實。

看著對方分手後若無其事，內心難免覺得受傷，但比起冷漠無情，會痛會哭的你才更加瀟灑。真情實意，遠比無動於衷更加

美好，也代表你充分具備愛人的資格。對分手不痛不癢的人，證明了他不懂得如何去愛一個人，很難在戀愛與離別中有所領悟，更不可能擁有成熟的愛情。面對下一段感情，或許他仍是抱著輕浮的態度，但這樣的心，真的可以稱之為愛情嗎？那樣的愛情，能夠讓人感受到幸福嗎？

因此，不要覺得怨恨或不公，眼下你雖然倍感煎熬，卻也顯得更加美麗與瀟灑。現在，不妨接受兩人分手的現實，把精力集中在完成離別這項課題。不管他過得如何，你都已經沒有資格再干涉。或許這讓人很難受，甚至痛苦得幾近崩潰，但這就是所謂「分手的責任」。但願你能徹底向這段感情告別，全心全意地投入下一場戀愛；希望你能在每段戀情裡都變得更加成熟穩重，直到擁有一份永恆的愛。

Q. 分手的痛椎心刺骨，應該努力裝作無所謂嗎？還是乾脆放任悲傷呢？隨著時間流逝，會漸漸麻木吧……

A. 一定很難受吧？首先，希望你不要過度沉溺於痛苦之中，或放任它日漸蔓延，而是以「共存」的心來回顧並給予安撫。不必刻意假裝無所謂，否則情感又該往何處去呢？請承認並接受這樣的情緒，別一味地抗拒，假如能正向看待「痛苦」的情感，將會從中獲得些許自由。當內心逐漸騰出空間時，請試著用愛來將其填滿，以這種感覺去珍惜和愛護自己。

安排時間和自己來場約會吧！一個人去旅行、探訪美食、逛街購物、欣賞電影、開車兜風、聽聽音樂，或是和朋友見面，把這段期間壓在心底的話吐出來。所有的行程安排，希望你都能從自我關愛與擁抱的心情出發。

我們總是以為，痛苦終將被時間治癒，日子久了一切就會獲得解決，所以經常選擇放置不管。然而，痛苦不會隨著時間埋沒，未來若碰到類似事件，我們依然會覺得痛。因此，若真的想從中解脫，不再為此陷入煎熬，就必須審視自己的心，並跟著一起成長。

內心之所以難受，代表著它正在告訴你：「請好好治癒和照顧傷痕累累的我，並善加珍惜與愛護自己。」請不要迴避內心的聲音，勇敢地面對痛苦，獲得療癒和成長吧。把對外界的關心與熱愛全部轉向自己，過程也許會覺得艱辛或難熬，但最終一定可以找回失去的光芒與活力，慢慢變得成熟與完整。

有些人在經歷痛苦後，會變得煥然一新，看起來比以前更加成熟穩重，這是因為他們徹底地面對過創傷。雖然難受得快要崩潰，但他們沒有選擇閃躲，而是鼓起勇氣撐過去，藉此獲得了成長。因此，不要將正經歷痛苦的自己完全交付給時間，請試著勇敢面對，與歲月一起往前走。

Q.
至今仍對前男友難以忘懷，明明是因為對方劈腿而分手，但我依然對他充滿思念。該怎麼做才好呢？

A. 你應該很掙扎吧？不管對方是不是好人，都曾是你內心依靠的對象，因為分手而失去支柱，肯定會讓思念之情更加濃烈。這世上最安穩的懷抱，不是來自於他人，而是我們自己；因為只有自己的懷抱，才能永遠地給予守護。因此，希望你能趁此機會徹底獨立，唯有讓自己變得成熟與完整，才能在遇到下一個對象時擁有美好的愛情。倘若不夠獨立，孤獨感將會遮蔽視野，影響我們的判斷。

如果我先讓自己變得獨立，就會連帶使身邊的對象更加穩定。與其互相彌補對方的不足，彼此陷入執著與依賴，不如建立一段互相扶持，彼此分享幸福與喜悅的關係。而形成這種關係的力量來源，就在於自己的獨立性。

當我們不夠獨立，總是依附在他人身上時，就會產生執著的心態，讓對方感覺受到壓迫，反倒會讓他離我愈來愈遠。因此，現在是時候學習獨立了。換句話說，與其陷入執著，時刻擔心對方會不會離開，不如以愛與信任為基礎，彼此分享喜悅與幸福，聆聽對方的煩惱，建立出互相支持與安慰的雙向關係。

切記，當你感到孤單時，絕對分不清誰才是真正疼惜你的人，眼前不知道能在一起多久的對象，很可能只會為你帶來痛苦與傷害。或許在過程中會有所成長，但如果能夠遇到真正懂得珍

惜你的人，不是能譜出更美好的戀曲嗎？遇到無法安定下來，總是讓你痛徹心扉的緣分，對你寶貴的人生而言實在過於浪費。因此，願你務必先成就自我的完整。

Q. 分手後，因為已經認識新的對象，所以並不怎麼難過。可是，我卻總是想起前男友，似乎沒有人能像他一樣那麼愛我。如果想與前男友復合，該怎麼做才好呢？

A. 對現在的你來說，比起談新戀情或是與前男友復合，更重要的是先完成「分手」的課題。和真正愛過的人分開，不可能雲淡風輕，那種切身之痛會隨著時間過去才慢慢浮現出來。這時，你才真正深刻體會到離別，也發覺了一直陪在身邊的對方如今已然不在。必須徹底地撐過那段彷彿被撕裂的痛苦時光，把自己過去付出的愛完整地收回來，才算是完成分手這道課題。當獨處的時間不再感到寂寞，懂得回頭珍惜、關愛自己時，才算真正和這段戀情告別。

然而，你未曾給自己一段過渡期，馬上就開始與新的對象談戀愛，所以先前分手的痛苦如今逐漸襲上心頭。可是，當初是你認為以後再也不會回頭，才決定分手的不是嗎？或者，你認定他不會是和你相守一生的對象，所以才選擇離開，不是嗎？因此，試著給自己一點時間，對自己做出的決定負責吧，不要因為害怕痛苦，就一味地迴避。

倘若沒有經歷這段過程，無論是展開新的戀情，抑或回頭找以前的戀人，最終都會因自我的不完整，而讓戀愛在傷痛中畫下句點。假如在徹底告別前一段戀情之前，就貿然和新的對象交往，那麼，你對前任的眷戀，以及正在適應分離狀態的心，是不是會對這段關係造成極大的傷害呢？

讓自己好好地痛一場，就算痛到撕心裂肺或崩潰也無妨，在孤獨與恐懼中瑟瑟發抖，然後重新站起來，這就是我們所選擇的離別。與其逃避，不如心甘情願地承受，在獨處裡竭盡全力找回自我的完整，這才是真正肩負起離別的責任。

這是你選擇的愛情，也是你決定的分手，就像我們必須對愛情盡責一般，離別也有應當承擔的責任。但願你在開始下一段戀愛之前，能好好地對過去說再見，找回完整的自我。唯有如此，下一段戀情才能不受影響，綻放出璀璨的花朵。

Q. 只要約會，男友幾乎都會半強制性地親密接觸⋯⋯因為對那樣的行為感到害怕與厭惡，我哭過很多次。他似乎是喜歡我沒錯，但有時又好像是為了發生關係才和我交往，面對這段感情，我該怎麼做才好呢？

A. 所謂的「肢體接觸」，是立基於彼此深厚的愛，在覺得語言已經不足以表達內心澎湃的情緒時，就會想牽起對方的手，再進一步發展為擁抱和接吻，最後一個階段才是發生親密關係。

因為很愛對方，用任何言語都無法傳達出內心積累的情緒，為了消除那股鬱悶的感覺，所以想和對方融為一體。不是為了消解自身欲望，而是將親密關係當作一種表達愛意的方式。亦即，因為愛，所以想和對方結合。唯有彼此都抱著相同心意，在發生關係後內心才會感到充實，因為兩人把凝聚在心底的所有感情宣洩了出來，並且更加確信彼此是相愛的狀態。

假如對方偏重於眼前的需求，對你造成了負擔，或是根本不等你卸下心防，那麼，我建議你別再與對方繼續交往，因為最後你一定會痛苦到撐不下去。你沒有必要為了延續這段關係，而讓自己過得如此煎熬，不是嗎？

或許馬上和對方分手，再次回歸一個人的生活會讓人忍不住退縮，也多少充滿了不確定感，但希望你不要因為依戀，而勉強和一個讓自己心傷的對象繼續走下去。所謂的「愛情」，是兩人對相處的時間感到珍貴，心中總是惦念著對方，一路累積美好回憶，不分你我地逐漸融為一體。總是優先滿足自身欲望的人，並不是真正地愛你，而是更愛自己的欲望。因此，別為那瞬間的情感，而拋棄自我價值。

覺得和你在一起的時間非常珍貴，所以總是想陪在你身旁——請和這樣的對象談戀愛吧！即便只是一起吃飯、散步，或坐在咖啡廳裡聊天，也不覺得虛度時光。希望你的下一個對象，是能夠在瑣碎的日常裡，因為你的微笑而感到幸福的人；不是以

締結親密關係為目的，而是想和你一起創造珍貴回憶的人；在交往過程中互敬互愛，能夠耐心等待你敞開心扉的人。

發生親密關係不一定是壞事，假如彼此真心相愛，理所當然會走到此階段，這也是雙方表現愛意的方式。不過，我認為當性關係變成戀愛的主軸，就不再值得認同。彼此深愛著對方，在言語已經不足以表達情意時，才進一步擁有肢體上的親密接觸，如此一來，方能超越單純的感官享受，陶醉在心靈的滿足當中。這樣的關係，不會因沉溺而造成空虛，而是因愛情而倍感充實。

因此，與其努力去理解那個不懂得為你帶來快樂，只顧著滿足自身欲望、讓你感到痛苦的自私男友，我更希望你能堅守自身價值，多花點時間珍惜且愛護自我。在這段時間裡，當你變得愈來愈成熟、完整時，一定會有理想的對象受你吸引而來。

為自卑感所苦時

Q. 我總是拿自己和他人比較，個性變得愈發敏感，碰到一點小事也會發脾氣，甚至殃及無辜。內向的性格也讓我很苦惱，變得愈來愈神經質……我該怎麼辦才好呢？

A. 首先，我希望你能停止試圖迴避壓力的行為。為了戰勝負面情緒，而過度埋頭於負面的氛圍中，這麼做對情況沒有任何幫助。因此，與其讓自己一直處於消極的思維裡，不如把目標轉向積極正面的事物。聽聽平時喜歡的音樂，閱讀書籍、寫寫日記，或是和好朋友約會、閒聊等，不妨做一些能讓自己心情變好的事來緩解壓力。

現在的你，只是因為想變得更完美，所以碰到了艱難的關卡。沒關係的，請試著告訴自己：至今為止，你已經表現得夠好了！現在的痛苦，是生命送給我的禮物，只為了能讓我進一步成長，邁向幸福之途。命運絕對不會設下我們承受不了的考驗，因此，眼前的試煉都足以承擔與克服，能讓我們更加堅強。

假如你總是習慣進行比較，試試看更換目標對象如何？有一種方法，可以幫助你提升自尊感，並擺脫與他人比較的心態，更重要的是能讓你獲得正向的成長。在覺得自己處於劣勢時，它

能引導你尋回屬於自己的光芒。

這個方法，就是拿昨天的我和今天的我做比較。假如昨天的我略感不幸，對他人心生嫉妒，那麼，今天的我就試著為自己的幸福努力；與其對他人的成長或成功感到眼紅，不如真心給予鼓掌和祝賀；比起昨天，今天也試著再對他人親切一點，表達出更多的感激吧！就這樣一天、一天地累積，你能想像自己會產生多大的改變，有多少成長，變得多幸福嗎？看著今天的我比昨天更加進步時，我們就能懷著幸福的心繼續往前走，而不是一味感受到壓力──因為每天都在成長的喜悅，會為我們的心理帶來補償。

世界上受尊敬的偉人當中，也有很多人的個性非常內向，這是很大的優點。因為內向，所以更懂得關懷他人，擁有細膩的心思，也因此而得以成為更加親切、溫暖的人。所以，內向的個性其實是如寶石般珍貴的優點呢！

我相信，如果你每天都比昨天更幸福、更成熟一點，為此不斷努力的話，一定會取得更亮眼的成就，累積更豐富的涵養。

Q. 我覺得人們好像總是看輕我，是我的自卑感作祟嗎？經常因為這個問題而感到崩潰，該如何調整心態呢？

A. 在覺得他人看輕自己時，與其對此陷入憤慨或自卑，不如稍微站遠一點，努力保持從容，試著觀察自己對他人的態度所感

受到的情緒。首先，反覆督促自己做這樣的練習，不要中途放棄，當覺得有人無視我時，就訓練自己抽離該情境，專注於個人，不要為對方消耗過多能量。如此一來，你就會感受到自己的自卑與羞恥逐漸減少。

愈是集中在自卑的情緒裡，耗費自身能量，就愈會被負面情感奴役；反之，當你選擇不去在意，就愈能從中獲得自由。因此，不管是什麼樣的情緒，若覺得自己倍受折磨，不妨試著轉移焦點，把注意力放在其他事物上。如此一來，負面情緒很快就會過去。當然，剛開始你會看到自己總是為消極的思維糾結，改變這種習慣需要付出一定的努力。只要不斷嘗試，將漸漸得以分辨自己掉進負面思維的時間點，屆時，消極的情緒將再也無法將你淹沒。

當練習到一定程度，你的心會變得較為輕鬆自在，懂得把負面情緒擺在一旁，專注於自己的事情上，而不是反覆地咀嚼或糾結。如此一來，就算世界依然對你輕率或無禮，你也不會再被這種行為影響。假如他人些微的不親切，就讓你整天心情不佳，腦海裡充滿負面想法，這樣的日子該有多不幸啊！如果能夠擺脫這些影響，又該多麼地自由與幸福！願你能找回這種快樂，過得更加自在；比起消極負面的情緒，願你能和積極正向的情感一起邁向幸福。

Q. 看見與我同齡的人達成某項成就，就忍不住感到自卑。就算知道自己走的路與他人不同，也還是會陷入焦慮，覺得自己走得太慢，該怎麼辦呢？

A. 人生重要的不是結果，而是過程；該在意的不是位置，而是方向。與其和他人比較，不如拿昨天和今天的自己相比。倘若今日為自卑感所苦，那麼明天就試著克服羞恥，做出某項挑戰，一步一步地往前走；假如昨日的我待人嚴苛，那麼今天就試著讓自己親切一些，一天一天地改變，督促自己有所成長。當領悟到成長的快樂時，真正充滿幸福、期待與美好的生活，將會正式展開。

與其為自卑感所困，不如讓自己沉醉在成長的悸動中，活得一天比一天瀟灑。沒必要感到心急，只要專注在自己的步調上，竭盡全力，讓人生如花朵般恣意綻放，以真心對待生活的每一刻。這樣的你，就已經足夠耀眼。

首先，嘗試改變生活的目標與態度，接著，把自卑感帶來的焦慮轉換成熱情，也就是利用自卑感來進一步達成目標。內心如果感到焦急，就督促自己加倍努力。在自卑感高漲的情形下，假如實際付出的努力不夠，那麼現實與夢想的差距就會愈來愈大，導致自卑感益發膨脹。因此，我們可以把那樣的情感傾注在積極的態度上，藉此改變自我。心態的轉換，可以使現實中的條件連帶發生扭轉與變化。剛開始或許只感受到焦慮，但在

不知不覺間，你會發現自己湧出驚人的熱情與努力，這樣的過程本身就意義非凡，讓人每天都充滿期待與悸動。長此以往，自卑感在心裡佔據的位置，便會漸漸被自尊感取代。

能否克服現況，說到底還是在於你能否下定決心。面對生活的態度，決定了我們會過上什麼樣的生活。因此，希望你不要以成功為目標，而是以成長為目的。假如你真的喜歡並熱愛自己選擇的路，那麼在過程中感受到的喜悅才是重點。真心為你的成長與幸福加油！

Q. 我的個性內向，缺乏幽默感，這點總是讓我陷入自卑。像我這樣話不多、情感表達也不夠直率的人，常常讓他人覺得難相處。對自己的性格愈來愈自卑，該怎麼做才好？

A. 我喜歡的小說家海明威（Ernest Miller Hemingway）曾說過：「比他人優越並不等於高尚，勝過曾經的自己，才是真正的高尚。」因此，別一味地和他人比較，只要竭盡全力就好。

我想，你現在的自卑情結，或許就是你的第一道課題。別總是覺得內向的性格令人羞愧、外向的個性才值得欽羨，試著發掘自己現有性格的優點吧。缺乏幽默風趣的特質又如何，你不是比任何人都懂得傾聽嗎？且為了不對他人造成傷害，你總是能夠展現出體貼、溫暖的一面。在現實生活中遇到困境時，人們

通常不會去找幽默、外向的朋友，而是會向你這樣的人求助。因為內向，所以你可能會比一般人更細心，思考得更加全面。對他人而言，你的性格是非常珍貴的寶石。因此，請試著更加尊重、愛惜自己，讓你與生俱來的模樣變得更加璀璨耀眼。

假如世上的每一個人都屬於幽默風趣的類型，那麼當我們疲憊不堪時，就找不到地方可以傾訴。如果在我們的痛苦面前，所有人都一味地嘲諷或開玩笑，那該有多麼難受啊！我相信你率真的一面，必定可以聆聽許多人的心聲，並為其帶來安慰。別強迫自己一定得炒熱氣氛，只要扮演捧場的人即可，畢竟幽默也需要有人呼應，才會讓人覺得詼諧有趣。光是你願意給予回應，就足以讓現場歡笑四溢，這麼做已經很夠了。

你需要的不是扭轉自我，而是改變看待自身的態度。因此，請試著轉換一下對自我的評價吧！我相信，你內向的性格一定也會在日後發光發熱，總有一天將收獲更多認可與喜愛。歷史上許多留下偉大功績的名人，也都是內向型的人呢！珍貴如你，願你未來的日子能過得更加幸福。

關於夢想和挑戰

Q. 不知道自己能否實現夢想的感覺，總是讓我感到恐懼和疲憊，腦海裡千頭萬緒，難以靜下心來思考。可否請你對我說聲「加油」，幫我度過這段混沌期呢？

A. 我不想只對你說「加油」，因為我也曾在朝夢想前進的路上陷入茫然和鬱悶，面對同樣身處困境之人，我想用自己的體悟來與你共鳴。

讓自己盡情地奮力一場、累一回吧，不要緊的。我也曾因為沉重和混亂而感到焦慮，更經常淚流滿面；即使到現在，我也每天都和這些重擔一起度過。可是，我們並沒有放棄，不是嗎？即使痛苦，內心仍充滿了對夢想的渴望，現在的陣痛期，實際上比任何階段都更加璀璨。

假如夢想勝過這些沉重的情感，我們就會繼續往目標前進。我認為，達成夢想最基本的條件，就是內心的「渴望」。因此，倘若內心真的懷有迫切的渴求，我們在面對所有的情感重量時，會勇於承擔一切，而不是一味地崩潰。因為，這樣的過程，證明了我具備實現夢想的資格。

無論成功與否，此生能懷著珍貴的夢想往前進，就足以令人稱

羨。夢想這條路，很多人連想都不敢想，因此，正朝著前方邁進的我們不僅意義非凡，也相當值得珍惜。在屬於自己的試煉與課題裡，你也會獲得相應的成長，累積出深厚的底蘊。這樣的過程，本身就是一種成功。

因此，沒關係的，我不會勸你別痛苦，或單純地對你說加油。我想告訴你：不要緊的，痛苦或倦怠的情緒終會過去，請別太過擔心。至今為止，你經歷了多少沉重和鬱悶的時期啊，但你始終沒有放棄，一直不斷往前邁進。這樣的你，著實很了不起！祝福你能一路勇往直前，在這過程中有所成長。

Q. 我發現自己總會在抉擇的瞬間陷入苦惱。現在我的面前有兩個選項：其中一條路或許較為艱辛，但它離我的夢想更近；另一條路則是相對輕鬆，且更容易獲得成功。這種時候，我該怎麼做才好呢？

A. 看見你的提問，我覺得你的心中已經有了答案，是不是希望得到更多的支持與勇氣呢？首先，當思緒複雜時，別只是乾坐著苦惱，踏出去才是最重要的。就我的經驗來看，單靠思考很難實際解決問題。

我曾經煩惱過要休學還是繼續念書，到最後也沒有理出答案，但當決定的瞬間到來時，就會看到自己內心的答案。那時，我義無反顧地提出了休學申請，因為在我仔細聆聽心聲後，才發

現我最渴望的是暫停學業，挑戰自己的夢想。一開始內心想走的就是這條路，是腦海中的紛亂思緒掩蓋了心聲，讓我聽不見自己真實的渴望。

披頭四不是說過嗎？「Let it be！」把煩惱放一邊，按照自己想要的方式生活吧！很神奇地，我們在生活中總會找到解決方案。如同雲朵遮住陽光一般，蔓延在我們心中的許多想法和煩惱，遮蓋了內心真正的渴望。所以，請聽聽自己內心的聲音，那裡總會有你想知道的答案，你將會發現它正指揮著你往幸福的成長之路邁進。

感受一下心之所向吧！選擇想走的路，未來就不會感到後悔。或許內心嚮往之路充滿了崎嶇與艱難，但你會在走過那條路後變得更加成熟，成為更寬廣、更有深度的人。理性的思維總是讓我們看到舒適的康莊大道，以及各種有利的層面，但內心指引我們的，往往是真正通往幸福與成長的道路。

如果陷入猶豫不決的狀態，不妨把煩惱放下，聽聽看心底的聲音，選擇會變得更加容易。因為那條路從來沒有人走過，充滿了嶄新的經驗與學習。人生的重點，是在生活中加以成長，所以在面臨抉擇時不必太過恐懼，也不必過於糾結，應該更專注在自己美好的生活上。要選擇透過無數次的經驗，讓自己的內心變得更加成熟，還是要從世界的觀點出發，選擇一條既定的安全道路呢？請仔細地衡量看看，你渴望的究竟是成長，還是

成功呢？

你心裡應該已經有了答案，從你的提問中，我也感受到了你的選擇。一定要記住，不感興趣的道路，終究會讓人覺得空虛；無視心底的聲音，總有一天會掉進後悔的泥淖中苦苦掙扎。如果能選擇一條至死無悔的路，我們永遠都會因成長而變得幸福。真心支持你，我相信你一定可以做得很好。

Q. 和同齡朋友踏上不同的道路，真的是對的嗎？我覺得好害怕……

A. 你現在走的這條路和大部分人不一樣，並不代表就是錯的。別忘了，如今修整鋪平的道路，一開始也是人煙稀少，走起來艱難萬分。當時，下定決心要走這條路的人，同樣也感到了不安與恐懼，身邊充滿反對的聲音。不過，他們義無反顧地順從內心的渴望，多虧有這些人，現在的我們才能過得如此舒適。因此，在這條人跡罕至的路上，我也可以另立新的標準。世界既有的偏見與觀點，只要我加以改變即可。許多人都選擇了修整好的康莊大道，而你卻投入了偉大的冒險，有此決心的人並不多見。因為你撐過所有的恐懼與反對，為自己的價值和夢想鼓足了勇氣。此外，假如這條路有你真心想看的風景，並具有某種價值與意義的話，那麼至少對你而言，這條路就是正確的選擇。與其放棄自己想經歷的意義與價值，過著世界既定好的

人生，走上自己選擇的路，生活會過得更加豐富。你的心會撲通撲通地充滿悸動，比任何人都還要幸福。

這樣的熱情不會冷卻，讓人充滿了期待與活力！比起引頸期盼下班和週末的到來，或是每天因為不想迎接新的一天而抗拒起床，做自己喜歡的事會讓人不分晝夜與假日，總是懷著雀躍的心情，全力以赴地迎向人生的每一個挑戰！

屆時，其他人反倒會羨慕你選擇了與眾不同的路，過去出聲反對的人，也會因你的幸福和快樂而心生嚮往，你將會扭轉這個世界的偏見。所以，別對此過度擔憂，假如你是一個能成就偉大目標的人，此刻就必須扛起所有的恐懼——這就是你選擇的夢想，也是夢想挑中你的原因。

Q. 離大學入學考試還有一百二十多天，我的成績排名大概位於中間，如果考不進所謂的名校，好像就沒有意義。不曉得自己為什麼要升學，思緒有些複雜……成績優秀的同學們已經向名校提出免試申請了，讓人很難不去在意……

A. 假如你覺得考進名校對你來說沒什麼意義，或者還懷有其他更具價值的夢想，那麼不妨跟隨內心的渴望，去追求自己覺得有意義的事。不過，如果你是覺得念書沒有用，對其他事情也不太感興趣的話，那麼就先在此全力以赴試試如何？

以超越極限的態度，看看自己能夠做到何種程度。如此一來，

透過這段時間，我相信你一定能有所成長。此外，當你找到新的夢想時，現在所做的努力肯定也會產生助益。因為有過對某事竭盡全力的經驗，在面對其他事情時也會更容易做到最好。不妨把剩下的這一百二十天當作磨練心志的機會，督促自己全力以赴吧。假如在思緒混亂的現階段，你也能對自己被賦予的生活竭盡全力，那麼今後在面臨其他人生課題時，你也將得以擁有更健康、更端正的姿態。

別把目標設定為「考上名校」，而是要以克服心理狀態的「成長」為目的，為此不遺餘力。倘若你現在就不肯付出，那麼在另一項人生課題前，你也可能同樣懶散怠惰。所以，請試著挑戰看看，培養出自己對任何事都能全力以赴的習慣。

今日不努力，明日就會更加懈怠。假如想改變自己的習慣與態度，就要從此刻著手，別錯過當下的時機。在考大學的過程，只要你能克服內心的混亂、全力以赴，這段期間定能為你帶來深刻的成長與體悟。我相信，只要你把成長視為自己前進的方向，無論到達的地方是高是低，都已染上了美麗絢爛的色彩。倘若你能常保此心，那麼心志必定堅不可摧，生活的滿意度亦會隨之提高，無論處於何種境況，都能找到屬於自己的幸福。願餘下的一百二十天，對你來說都是成長。

Q. 看到大家都在累積資歷，所以我也在準備多益、電腦等相關的證照考試。不過，即使到了二十五歲，我仍然不知道自己擅長什麼、想從事什麼樣的工作。我一直以為和別人一樣累積資歷，找到一份好工作就是自己的夢想與目標，但最近煩惱漸漸變多了，也覺得提不起勁⋯⋯

A. 據說人從出生開始，透過生活的成長，一共會經歷三個階段：第一階段是關注自己擁有（Having）什麼；第二階段是留意自身行為（Doing）；第三階段則是關心自己會成為（Being）什麼樣的存在。

◆擁有

這階段的人，認為自己的生活目標在於累積更多的財富與資產，因此評價他人的基準，也是觀察對方住的房子價值多少、開什麼等級的車、穿著的服飾貴不貴等。當看到某人擁有的東西比自己多，就會覺得自己的存在感變得渺小；看到某人擁有的東西比自己少，就會覺得自己的存在感瞬間膨脹。在這個階段，自尊感立基於隨時可能消失的物質上，存在感十分脆弱和不完整。物質豐沛，則存在感變大；物質貧瘠，則存在感縮減，因此，這個階段的人會對「擁有」一事表現得加倍執著。然而，外在的物質條件只是暫時的，所以這些人的幸福也總是處於搖搖欲墜的狀態。

因為不懂得自己天生就是珍貴且美麗的存在，所以總是執著於向外追尋；由於缺乏自尊感，所以他們的內心總是感到空虛。而為了撫平空虛，他們會對物質條件展開無止境的追求，雖然內心可以暫時受到撫慰，但再次襲來的空虛感，只會令人對物質的渴望更加急迫。這種惡性循環會不斷反覆，隨著不幸的時光無限延長，人們才會思考何謂真正的幸福。當領悟到危機不在於環境，而是來自於內心時，就會進入下一個「行為」階段。

◆行為

在此階段，我全心投入的事物，就相當於人生最重要的基準。即使家徒四壁，只要能保有現在的工作，就足以感受到幸福。同時，評價他人的觀點，也會從對方擁有的事物，轉移到對方正在從事的工作上。這個階段，因為擁有上一階段缺乏的勇氣和對工作的熱情，所以能夠相對輕鬆地跨越人生試煉，具備內在的穩定感，順其自然地累積到財富，在社會上取得成功的案例亦多不勝數。因為懂得在自己的工作上找到價值與意義，並從中汲取成就感，所以能享受更加健康、幸福的生活。

雖然和「擁有」階段相比，「行為」階段要來得更健全與幸福，但依然還稱不上完整，因為我們尚未覺察到自己不必擁有什麼、從事什麼，都無條件可以享受幸福。假如能領悟到幸福的根源在於本心，那麼無論做什麼都能感受到快樂。不是因為做了哪件事才覺得高興和幸福，而是將心底湧出的喜悅注入到工

作裡，所以無論自己擁有什麼、從事何種工作，存在的每一瞬間都幸福無比。因此，在「行為」階段，我們會因為工作過於忙碌，突然意識到自己無法好好休息，想放下一切去旅行，或者反思自己至今為止的生活是否正確。亦即，對真正的幸福與自我存在的理由產生疑問，感受到內心的不完整，回頭省察自身狀態。此時，若下定決心尋找自己存在的真正理由，就會進入最後的「存在」階段。

◆存在

這個階段的人，具有不被外部環境動搖的內在韌性，表面上雖然看起來被動，但在生活方式上其實最為積極。因為他們接納了各種人生面向，找回被世界奪走的自由，修正無意中犯下的許多失誤，成為了更有自覺的人。對這個階段的人來說，最重要的人生議題為「自己是什麼樣的人」。因此，比起糾結自己沒能擁有什麼、未能完成哪項工作目標，他們更在乎的是自己會成為什麼樣的人。

處於「存在」階段的人無時無刻不感到幸福，因為不管自己擁有的物質條件是否富足，都不會對成長造成阻礙；不管自己從事什麼樣的工作，內心都享受著獲得成長的喜悅，得以懷抱感恩的心面對所有人生試煉。光是得以誕生於世，光是能夠好好地活著，就已經值得感謝，所以能單純地沉浸在幸福裡。

我認為，只要了解這三個階段，生活就足以有所改變。現在你的煩惱，正處於「行為」階段，我覺得光是能夠從「擁有」跨越到「行為」，就已經值得感到欣慰，應該給自己一點稱讚了！所以，今天不妨招待自己吃頓美食，冷靜地思考看看內心真正想做的事。或是休學一個學期，利用這段時間好好了解自我，探索內心真實的渴望，亦不失為一個好方法。此外，也別忘了同時練習「存在」階段的心態，試著努力變得更加和善，讓內心充滿愛與感激。我相信，這樣的練習不僅有助於提高自尊感，還能成就健康的自我，不輕易為生活中的考驗動搖。或許，此刻的煩惱屆時也能迎刃而解。

Q. 為了進入公家機關任職，一直以來我做了許多努力。最近我發現自己似乎並沒有特別嚮往公職，但除此之外，我也沒有其他夢想。我要繼續往父母期盼的公務員之路邁進嗎？現在才要尋找夢想，內心也感到害怕和沉重……

A. 要去追尋自己的夢想，還是按照世界期盼的路前進，這樣的煩惱十分沉重，同時又令人感到鬱悶。我完全感同身受，亦擔心如今的你究竟承受了多少壓力。現在你的選擇，可能會讓今後的生命風景有一百八十度的轉變，是關鍵時期的重要抉擇，內心該有多麼複雜啊！

「如今在你眼前展開的人生風景，都只屬於你一個人」，這是

我想對此刻的你說的話。亦即，沒有人能代替你去過你的人生，也沒有人可以代替你去承擔選擇的結果。你在生活中感受到的悔意，同樣沒有人能代替你去吞忍。因此，我認為「選擇權」應該完全地回歸到你手上。

假如你認為父母為你決定的路是合適的，那麼當然可以按照父母的期望前進；但是，假如那條路非你所願，無法讓你感受到幸福，那麼勉強自己走下去的話，日後感受到的一切情緒，要由誰來負責呢？因此，最終必須由你來做出抉擇。雖然這樣的選擇十分艱難，而且誰也無法預測未來，但懂得肩負起責任，才是真正地長大成人。所以，面對橫亙在眼前的重擔，不要急著逃跑；從現在起，你的生活完全由你來決定，請善盡自己的責任，唯有如此，才能真正地邁向幸福。

你選擇的路世人看不看好並不重要，重要的是必須對你具有某種價值與意義。假如你相信自己選的路是對的，並且露出幸福的微笑，那麼其他人也會認可你的選擇，你就能因此戰勝各種反對與偏見。許多人走的路都不是自己最渴望的選項，因此，當某個人可以克服恐懼與偏見，選擇走上另一條路，並且過得開心的話，人們都會心生羨慕。總而言之，別太過擔心或焦慮，只要選擇能讓自己感受到幸福、價值與意義的路即可。

我所選擇的路，也不是眾人嚮往的選項，為此我曾經相當痛苦。而讓我最難受的，是沒有一個人願意相信我，沒有人出聲

鼓勵我：「你可以做得很好，我會支持你的夢想和價值。」然而，畢竟這是屬於我的人生，這條路能為我帶來幸福，所以我努力堅持了下來。如今再回頭看，當時反對我的人反而都為我感到驕傲，甚至還有些欽羨。因為做自己想做的事看似容易，卻不是簡單的選項，而我勇敢地做出了決定，並且在這條路上過得充實又幸福。

因此，我認為你必須按照個人意願來做決定。唯有心中渴望的價值與走的路一致，才能感受到幸福。請再仔細地考慮一次，以對人生的責任感，勇敢地肩負起所有重量。從現在起，為生活塗上色彩，畫出屬於自己的作品吧！假如你能享受其過程，感受到新的意義與價值，並從中獲得成長，那麼這條路對你來說就是正確的。請聽聽看內心的聲音吧，那裡總會有答案。

不管你做出什麼樣的決定，我都相信你一定可以做得很好，那條路，對你來說肯定是正確的選擇。在你感到孤單害怕或瀕臨崩潰時，希望我的支持能帶給你些許的力量。

Q. 我沒有上大學，直接進入社會就職，可是，現在的職場好像不太適合我。工作的時候，這種想法又更加強烈，很想辭職去學自己喜歡的事物。現在才起步不知道會不會太晚，內心感到很糾結……

A. 有沒有聽說過「覺得起步太晚時，就是最快起步的時機點」？

你可能會覺得很矛盾，明明已經晚了，怎麼還可能最快？但仔細想想，這句話說得並沒有錯。

我第一次開始考慮其他出路時，覺得自己為時已晚。但在那之前，我因為不曾煩惱過，所以為時已晚的想法當然也不會出現。從這個角度來看，現在的我是首次對自己走的路產生懷疑，如果從現在著手改變，應該是我人生中最快的新起點。因此，現在絕對不會太晚。試想一下，假如你因為覺得自己起步晚，所以不斷推遲計畫，猶豫再三；那麼，現在的你若能馬上改變，就相當於是最快的起步。

此外，生活的標準本來就取決於我，和別人比起來早或晚，又有什麼重要呢？我想過的人生，我做的選擇和決定，哪裡會有早或晚的差別。

因此，人生沒有所謂的為時已晚，希望你能過上無悔的人生。假如不管怎麼努力，都無法享受工作，那麼餘生就得不斷忍耐，不覺得這樣的人生太過可惜了嗎？別讓自己的心意和實際生活背道而馳，因為人生只有一次，每一刻都彌足珍貴。

看看那些真正熱愛自己夢想的人吧！因為做自己真正想做的事，所以內心充滿悸動與幸福，他們的眼睛閃閃發光，言語中洋溢著熱情，那才是真正的活出人生、活出自我，不留下絲毫遺憾。選擇自己嚮往的路吧，別害怕途中出現艱難的考驗與挑戰！假如你非常渴望達成夢想，就必定足以承擔這些試煉，而

且會主動去戰勝一切，勇往直前。走在夢想的道路上，眼前展開的所有風景，都會為生活帶來全新的意義與價值；而挑戰自己想做的事，更使我們的人生變得璀璨耀眼。

願意聆聽內心聲音的人和無視內心渴望的人，兩者的生活與幸福、價值與意義，存在著天壤之別。我提出的觀點或許和你常聽到的建議不同，我想，你應該也是想聽聽看不一樣的意見吧？真心支持你的選擇和成長，也為你接下來的幸福人生加油。

Q. 我對外語很感興趣，不過差強人意的成績讓我非常焦慮，和朋友比較時也經常產生自卑感。總是想著以後成功要好好孝順父母，我真的有機會達成目標嗎？

A. 乾坐著煩惱或是和他人比較，只會讓自己落後，因此，不妨專注在個人的挑戰上，讓生活除了前進之外，不存在其他雜念，踏踏實實地朝夢想全力衝刺吧！今天的我，比昨天更加進步；明天的我，也會比今天更加優秀。挑戰的重點在於最後所處的位置，而非現在的我位於哪裡。所以，試著制定出目標，一點一滴地努力吧！

別因為一天的失敗，就陷入自責或愧疚。請讓自己時刻懷著感恩的心。如此一來，你才能享受追求夢想的進程，且這種愉悅會滲透到心底，讓你散發出不知疲倦的熱情。

此外，不管是週末或週間，至少要挑一天來犒賞自己一週的努

力。吃頓美食、看場電影，當作是送給自己的禮物。只要曾經全力以赴，就不會留下任何遺憾，且光是踏實努力的過程，就會讓你的每一天充滿意義，擁有豐盛且滿足的心靈，而幸福也會隨之降臨。

倘若努力的報酬是成長和進步所帶來的快樂，那該有多幸福啊。這樣的你，將會持續不斷地前進，絲毫感受不到倦怠。與其一味地煩惱或和同儕比較，不如把精力完全集中在自己的生活步調上。

孝順父母這樣的心願，真的是非常動人！帶著一顆善良的心，何愁達不成目標？記住，不必非要成為第一名，持續挑戰個人目標的努力姿態，那樣的態度才是真正的王者。希望你能給自己一點喘息的空間，只要一天進步一點，總有一天定會到達夢想的位置。願你能專注於自己的生活與挑戰，每天有所成長，從中體會到喜悅與感激，一路勇往直前！

對人際關係感到倦怠時

Q. 我不懂得如何向他人表達自己難受的情緒，也想試著改變自己的心態與想法，但問題到底出在哪裡呢？

A. 如果產生了自我修正的想法，心自然就會去改善出問題的地方，因此，別迴避內心的聲音與渴望，請試著傾聽並加以順從，不必過於著急。

首先，請誠實地觀察一下自己的心，是因為害怕成為某人的負擔，還是擔心對方看到我的黑暗面後會離去？請盡量放鬆心情。假如對方在我吐露心事時覺得不耐煩，那麼他一定不是真正珍惜我的人，這種人際關係對我來說一點也不重要。處於正向的人際關係，對方會謝謝你鼓起勇氣說出心聲，也會感激自己能為你帶來些許的助力。

假如人際關係立基於營造出來的形象，那麼他人喜愛或尊重的不是你，而是你挑選的面具。連自己都不懂得愛自己，只想著要演好什麼樣的角色，這種情況，實在是令人心痛的悲劇。因此，為了自己的幸福，請摘掉長期以來戴著的面具，你將會發現：自己原本的真誠，才是真正能獲得他人喜愛與尊重的態度。

「我真的毫無魅力，一定要戴上面具去博取他人的好感嗎？」

不是這樣的。在這世界上，沒有什麼比真誠的態度更加帥氣。和被許多人簇擁圍繞的假象比起來，覓得幾名真正交心的摯友才更為珍貴。即使所有人都轉身離去，我也會成為自己最堅實的朋友。立基於真誠和率直之上的人際關係，一定會比現在還要幸福得多，而且，還會發現自己尋得不少至交好友！

Q. 或許是因為性格的關係，比起表達自己的看法，我總是會盡力迎合他人的意見，陷入察言觀色的窘境。和氣勢凌人的朋友相處真的太難了，是不是因為我很膽小呢？

A. 你一定很煩惱吧？首先，訓練自己擺脫察言觀色的習慣，如何？所謂的察言觀色，就是比起自己的感情，更優先考慮對方的心情或想法，為了迎合對方而費盡心思，表現得畏畏縮縮。於是，這段關係的感情水平自然而然會失衡，演變成上對下的狀態。

與其說是體貼才去配合對方的心情或喜好，不如說是因為害怕對方如何看我；與其說是出自真心的關懷，不如說是因為恐懼而不得不察言觀色。自尊感高的人，付出的關懷或體貼都是希望對方開心，而不是為了看對方的臉色。因此，當自己的心意傳達給對方時，彼此的關係不會變成上對下，只會為彼此都帶來快樂。

為了守護自尊感，並且向他人付出真心的關懷，我們應該要摒

棄察言觀色的習慣，秉持自己的觀點與基準。首先，不妨試著學習如何說「不」，也就是拒絕他人的方法。當內心產生「好像不是這樣」的想法時，別為了迎合他人的意見而拋棄個人信念，盡量讓自己變得果斷與堅決一點。

希望你不要太害怕別人如何看待自己，盡量保持輕鬆的心情。在你堅持自己的主觀與思想時，不要太擔心別人的看法，因為這種恐懼，反倒會破壞關係的平衡。當你不再陷入焦慮或害怕，才能更加受到眾人尊敬。先訓練自己表達出內心的真實吧，亦即內藏和外顯的 Yes 或 No 必須一致。心中感到抗拒，表面上卻應承對方，這種形式不是真正的體貼，只是因為自尊感低，不斷在看他人臉色而已。

我希望原本就很好的你，可以受到更多人的尊重與喜愛，而非受到他人的隨意對待。願你在拒絕他人時，能不再感受到束縛與壓力；願你能提升自尊感，與他人建立健康的互動；願你能更加懂得珍惜、疼愛自我。祝福你可以遇到更多一同成長的朋友，在這些人際關係裡表現出真正的自我。

Q. 我有一個十幾年的好朋友，可是，他只在自己有需求時才會來找我，實際上對我並不珍惜。我是善於隱忍的性格，所以不會說難聽的話或發脾氣。現在的我們真的很像表面朋友，我應該努力恢復兩人的友誼，還是順其自然呢？

A. 不妨把內心的情緒表現出來，如何？因為你總是選擇隱忍，對方可能也不知道你哪裡覺得不舒服。我想，是不是因為你討厭尷尬，不開心時也不說出來，所以才會導致問題產生？

就算是為了自己，也務必要與對方好好地談一談，練習表達自己的感情。將不滿累積在心底的性格，很多時候會比將不高興表現出來、直接發脾氣的個性，更容易與他人斷絕往來。因為有時我們自認為的體貼，其實並不是真正的體貼，只是缺乏表達的勇氣而已。雖然內心不喜歡，但表面上卻一直隱忍。長期下來，因為沒有把感受說出來，所以對方當然無法了解我，我卻認為是他不懂得體諒，覺得自己全心全意付出，對方卻視為理所應當，最後單方面地把對方推開。

因此，試著練習一下表達如何？像是我在某些地方會感到不自在，希望你能多加理解等等。假如你一直忍著不說心裡話，並未展現真實的面貌，那麼在這段關係裡你根本沒有自我。希望你能懂得練習表達自我，把內心積壓的情緒說出來，以最真實的面貌去愛人與被愛。但願你不要放棄這樣的幸福。

兩個不同的人相遇，雖然有時會產生摩擦，有時也會吵架，但最終還是會融出全新且亮麗的色彩。如果你不告訴對方自己內心的想法，那麼在這段關係裡，就沒有你的色彩存在。

所以，請和我約定，務必要向這位朋友表達你的心意，告訴他你因為哪些事情感到難過。此外，也請以這次的事件為契機，

日後更努力地讓他人理解你，在人際關係中守護自我，用這樣的心態建立起健康的人際互動。別忘了，唯有當你懂得保護自己，才能讓關係走得更長久。真心希望你能與朋友好好地解開心結，也藉此讓人際關係變得更美好。加油！

Q.

很要好的兄長不久前向我告白，但我斬釘截鐵地拒絕了。不過他仍然有意無意地表達出情感，而我只能不斷回絕。我們的關係密切，對他的訊息我很難已讀不回；當我有事無法即時聯繫時，他就會直接找上門來。雖然知道他是出於擔心才會這麼做，但我該如何回應呢？

A. 為了自己、也為了對方，你的態度必須更為堅決。亦即，要讓對方明確地認知到現在他的行為，既不尊重也未顧慮到你的感受。雖然他是出自擔憂，但這些行為假如讓你感到不舒服或尷尬，那就不是關懷或體貼，而是不懂得克制個人情感的自私；真正的體貼，應該讓他人感到開心才對。

請確實地向對方說明清楚：「其實我覺得很不舒服。假如這些行為帶給我的不是快樂，那就不是真的關心，而是只順從個人情感的自私行為，希望你可以體諒並尊重我的情感。」請試著用這種方式表達你的感受。假如你什麼都不做，對方就不會知道你對這些行為感到抗拒，反而誤以為你樂意接受，於是繼續表現出那些讓你不愉快的舉動。

如果對方堅決維持相同的行為模式，就可以確認他絲毫不在乎你的情緒或感受。因此，希望你能率先體貼對方，把自己的真實想法傳達出去，讓他知道你是怎麼想的。倘若你猶豫不決，那麼對方很可能會繼續自作主張，讓你感受到極大的壓力，最後心生厭惡。在討厭對方之前，再給他一次機會如何？就算無法繼續保持聯絡，也不會對他演變到深惡痛絕的地步。

假如你已經打開天窗說亮話，但對方依然故我，那麼就不適合再延續關係，也最好不要再回覆訊息。在那之前，希望你能最後一次把自己的心意說清楚。願你能夠與對方順利溝通，如實地傳達出心意。

Q. 有個朋友很喜歡挑撥離間，可是，周圍的朋友都選擇相信他，在背後説我的壞話。站在被排擠、欺負的立場，我完全無能為力，但那個朋友卻過得順風順水，讓我感到很憤怒。只有我知道他是雙面人，真的很想告訴朋友們實情。這件事也讓我受到創傷，內心十分鬱悶。該怎麼辦才好呢？

A. 你一定非常難受，希望我的回覆，能為現在的你帶來一點安慰。據說這個世界上，從來就沒有「黑暗」的存在，所謂的黑暗，其實只是因為缺少了光明。因此，當光線靠近時，黑暗就會在不敵光明的情況下瞬間消失。按下日光燈的開關看看，在日常生活中，黑暗有沒有哪一次完全遮蔽過光源？

同理可證，不存在的東西，永遠無法戰勝實際存在的事物，你要守護的真相亦然。謊言不等於真實，終究難以掩蓋真相。或許它會暫時讓人們感到混淆，但最終還是會因真相浮出水面，而難逃崩解和消散的命運。

造謠誣陷你的朋友，總有一天本性會暴露，他人對他的信任也將瓦解。雖然現在他的目標是你，但說謊成性的人，日後會反覆出現相同的行為模式。況且他的本意本來就不純粹，最後肯定站不住腳。因此，不妨先靜觀其變，誤會總有一天會解開，事情也將回歸正軌，你需要的只是時間而已。

但願你別把憎恨放在心裡，破壞了自己原有的美麗，而是要堅定地站在自己的立場上。不管他用什麼理由汙衊你，你的善良與美好都不會受到破壞，你的存在既耀眼又珍貴，無須他人的肯定或理解。因此，請回頭看看自己的本心──那面對任何誤解，永遠都能保持穩定、堅韌無比的心。

相信我，守護你所堅持的真實吧。懂得蟄伏與忍耐，培養自己擁有成熟的態度，並靜待時間流逝，看看謊言是如何被戳破，真相是如何浮出水面。懂了嗎？你只要過好自己的生活即可。願你能在謊言中堅守真相，蛻變得更加耀眼；願你能不受虛假的謊言傷害，從真實中得到治癒。真心祝福你擁有一顆堅定、善良的心，一步步邁向幸福的明天。

Q. 某些朋友看似懂得享受生活，但真正相處過後，才發現他們會帶我每天喝酒喝到很晚，甚至還抽菸、對父母說謊……等等。我討厭那樣的自己，也對朋友們心生不滿，卻不好意思拒絕……該怎麼辦才好？

A. 內心一定很煎熬吧？拍拍。

就算羨慕或喜歡與自己不同領域的人，直接向他們張開雙臂也是相當危險的行為，因為對方有可能對你造成傷害。我們必須培養自己的智慧，懂得區分崇拜與實際交往的差別。別為了甩開他們的手而感到內疚，他們有他們的人生，而你有你的生活。請試著果斷一點，別在該拒絕時猶豫不決。

讓我說一個故事吧。沙灘上有個賣螃蟹的商人，某天，路人發現桶子沒有蓋上，螃蟹在裡頭苦苦掙扎、試圖逃跑……他覺得相當納悶，詢問商人為什麼不把桶子蓋起來。商人回答：「反正牠們是逃不掉的，因為底下的螃蟹會一直把往上爬的螃蟹拽下來。」不良的人際關係也是如此。當你在追求成長時，下面的人就會抓住你、咬住你，讓你一次又一次地往下掉。

因此，如果你想進一步成長、擺脫現在的生活，就必須以堅決的態度來面對妨礙與誘惑。當你想把時間花在自我開發，結交知心好友，不想再每晚喝酒玩樂時，這些朋友會想方設法地把你拖下水。人唯有先成就完整的自我，才會更懂得珍惜他人。假如一直停在原地且不追求成長，那麼只是需要某人來滿足自

己的欲望而已。

別因為拒絕與負能量的朋友來往就感到內疚，但願你能全力以赴，達成人生設下的成長課題，成就更完整、幸福的自我。請試著擺脫在空虛中互相拉扯的人際關係，追尋在成長過程中彼此照亮對方的友誼。另外，也請多留給自己一點獨處的時光，因為最懂得疼惜、關愛你的朋友，必須是你自己。當你益發地成熟、茁壯，具有相同思維與價值觀的朋友，也會開始和你互相吸引。

與其埋怨或厭惡自己與他人的差異，不如放寬心胸去認可與接納。雖然可以喜歡和自己不同領域的人，但不妨就讓這些如潮水般漲退的友誼自由來去。別因為拒絕他人而感到愧疚，希望你的態度能變得更加堅決，能找到為彼此帶來快樂與幸福的真摯友誼。你一定可以做得很好的！

調節孤獨、不安與憤怒等負面情緒

Q. 在社會上生活，有時需要選擇忍耐，但我卻很難做到這點，特別是和喜歡亂發脾氣的前輩們一起工作時，該怎麼應對比較恰當呢？總覺得自己藏不住表情，老是表現出敵意，真的很想改變這種情況。

A. 最好練習降低情緒反應。每個人對他人的情緒反應皆不相同，情緒反應大的人，面對他人一點點的不友善也會萬分糾結，一整天心情鬱悶。因為他們會反覆思考對方為什麼表現出那樣的態度，在心裡不斷生悶氣。反之，假如我設想對方今天可能有不順心的事，就這樣拋諸腦後的話，那麼不管別人怎麼待我，我都能保有完整的一天。對他人的行為反應過激的人，和大事化小、小事化無的人，哪一種類型會過得比較快樂呢？你對他人的情緒愈泰然自若，就愈不容易受到他人影響，也會找回更充足的精神與專注力，集中在自己的生活上，而不是一直反覆咀嚼負面想法，最終虛度寶貴的時間。過去你為了保護自己，選擇對他人的憤怒做出極端的反應，但諷刺的是，你在情緒上的反應愈激烈，日常生活中感到介意的事也就愈多。因為你一直接收對方拋來的情緒，並對此做出反應與答覆。相

反的，你愈是以平常心去面對，對他人的行為反應激烈的情況就會減少，人們也會愈加懂得尊重你。屆時，你根本就不需要自我防禦，該有多麼幸福！

為了讓自己過得快樂，首先要拋開他人所看到的我、他人所認知的我，以及從他人情緒中反射出來的我。亦即，我的存在與價值，不需要他人的認可或理解，必須讓自己擁有獨立的完整性。說到底，我們之所以會對他人的情緒或行為耿耿於懷，或者產生防禦性姿態，都是因為打從心底覺得他人的反應有損自己的珍貴，認為自己未能得到尊重。於是，我們會藉由「生氣」這樣的情緒，來要求他人「珍惜我」或「尊重我」。不過，憤怒或許可以強迫他人暫時讓步，但這樣的尊重並非發自真心，絕非根本的解決之道。

當我的價值不會被任何外在的東西破壞時，即使聽到他人毫無根據的指責，也會覺得這樣的非難只代表批評者內心扭曲。若對方提出有建設性的意見，我也相對能承認自己的不足，努力加以改變。因此，請試著戰勝眼前的負面情緒，更加珍惜、愛護自己吧！你就是你，不需要他人的理解或肯定。

當某人出現情緒性或扭曲的態度時，請徹底去感受自己想要防禦或反擊的欲望，並試著忍住一次看看。不要在腦海裡反覆分析對方的行為，而是要發自真心給予理解。不管對方出現什麼樣的舉動，我都還是我，沒有必要為對方的情緒做出過激的反

應。假如對方此刻的行為，是他所能做出的最好回應，不是很值得同情嗎？畢竟那樣的行動，本身就說明了對方的內心有多麼狹隘與不幸。因此，不妨換個角度想，以憐憫之心來看待對方，如此一來，說不定能隱約窺見他背後的真實面。

只要嘗試忍過一次、理解過一次，以後一定會變得更容易。「放下」這件事，也適用所謂的慣性法則，踏出第一步是最難的。接著第二次、第三次，你都絕對不做出過激的反應或攻擊，讓事情隨時間流逝。一旦嘗到這種滋味，即使不刻意努力，內心也會自然改變。

Q. 「你為什麼總是這樣？」我老是用這種語氣和男友斤斤計較，對他發脾氣，對芝麻小事大作文章。其實我內心也覺得很抱歉，渴望能成為一個明理、聰慧的女朋友……

A. 首先，讓我們深入了解一下「煩躁」這樣的情緒。當我們發脾氣時，通常都覺得是因外在事物所引起，但實際上是因為我們心中已累積了煩躁的情緒，所以才會向外宣洩。發脾氣其實與我們內心承載的負面情緒有關，「煩躁」不是自然而然地出現，而是我們將內心的情感外顯的結果。

煩躁、埋怨等負面情緒堆積在心底，等到了某個階段，內心再也承受不住時，就會表現在行為舉止上。你是否曾見過某人非常生氣，在大發雷霆後沉寂一陣子，到了某個時機點又開始發

火，不斷循環反覆呢？請務必銘記在心：我們不是因為被某件事惹惱才發脾氣，而是心中本來就累積了負面情緒。唯有先承認這點，才能克服情緒的支配，進一步獲得成長。

為了克服這種負面情緒，我們必須先培養自己擁有高自尊感。當自尊感低落時，我們無法填補內心的空虛，於是會試圖追求物質等外在條件，或者利用他人的情感來彌補。

自憐自艾的人，會不斷用眼淚尋求安慰與同情；被怨恨所困的人，會持續地責怪或貶低他人，要求對方與自己同仇敵愾。總是怒氣沖沖的人，會因為一點小事就大發雷霆，強迫他人跟著附和；內心冷漠的人，因為無法向他人傳遞溫暖，所以總是讓周遭的氣氛隨之凍結。他們會用這樣的方式傳遞負面情感，向旁人展開情緒勒索，藉此填滿自己的內心。而這樣的方法，很難用在初次見面的人身上，因此他們主要的目標通常是熟識的朋友、戀人或家人。

如果和戀人的關係變成「吵架、和解、吵架、和解」這種固定的循環模式，就必須多加小心。愛情應該要一同成長、互相鼓舞，倘若出現這種模式，就只會侵蝕彼此的情感，並變質為互相傷害的關係。

從現在起，好好感受一下自己在這段關係裡的「煩躁」，努力放下這樣的負面情感。現在的你能意識到自己的行為模式，可說是非常重要的關鍵，願意嘗試改變的決心也相當了不起，只

是需要讓自己再稍微心平氣和一點。現在的你，正在省察自己的敏感情緒，代表你完全有能力克服負面情感，把自己從負面情緒中抽離，擁有選擇的餘地。

踏出第一步非常重要，當你覺得自己的情緒愈來愈敏感，開始想發脾氣時，試著忍住並放下。只要能通過這關，盡力讓自己心平氣和，那麼接下來就會變得更加容易，你會漸漸有能力克服並戰勝自己的負面情緒。意志力是整個過程中最關鍵的部分，但我看到你已經準備好了。看見你的改變，男友也一定會很開心，當積極的反饋成為你的助力，第二次、第三次也就能輕而易舉地跨過。長此以往，你們將會成為互相分享正面情感的關係，繼續攜手走下去。

無論何時何地，都不會忘記自己充分值得被珍惜——這樣的自尊感，將是你在所有人際關係中的最佳守護，也將帶領你享有幸福。別忘了現在這種難能可貴的決心，務必朝著成長的道路前進，我會全心全意地支持你的愛情、意志力，以及未來那快樂又甜蜜的生活。加油：）

Q. 應該要認真度過每一天，但總是無法控制自己的心。雖然不是每天都在玩樂，但好像沒有特別達成某項目標。隨著年紀增長，很討厭這樣一成不變的自己……該怎麼辦？

A. 覺得自己一事無成，這樣的罪惡感一定讓你很煎熬吧？請先

聽聽看我的想法。我們對自己的某種行為感到內疚，就像是覺得自己沒有達到理想與期待，所以理當受罰。因此，我們會不斷地責備、埋怨自我，認定自己沒出息，懲罰過去與現在都未能達標的自己。但是，我們的心其實很清楚，與其一直嚴苛地自我懲罰，不如為了夢想加緊努力。然而，身體總是與內心的想法背道而馳，今天又沒能好好把握時間，所以一到夜晚，就再度被罪惡感侵襲。從某種角度來看，有時我們甚至會懷疑自己是不是享受被罪惡感折磨，所以才故意虛擲那些大好時光。那麼，究竟該如何擺脫「做不到就等於失敗」的框架，克服不斷增生的罪惡感呢？

首先，必須意識到罪惡感其實帶來極大的痛苦。從現在起，試著覺察自己的內心有多煎熬，這種痛苦的情緒，讓你無法認可自我價值，還打從心底覺得自己應該受罰，沒有被愛的資格。潛意識裡的罪惡感，甚至讓你覺得生病也活該，本來就該嘗點苦頭。

犯錯又如何？人都是從錯誤中學習的；今天無法完成計畫又如何？我們不是冰冷的機器，而是有血有淚的人。因此，與其對自己殘酷，一味地施以懲罰，不如安慰自己：「沒關係，就算達不到目標，你依然是珍貴的存在」，給自己一個擁抱。

從來都沒有人告訴過你：就算達不到標準，你也仍然值得被珍惜。早睡早起、學習重於玩樂、晚上肚子餓要忍耐……唯有滿

足這些條件，才會被認可是乖孩子。然而，這些框架其實都是人們設下的，因為我們自小就習以為常，所以從來沒有懷疑過。千萬別因自己沒能達標，就認為自己是個壞孩子，帶著罪惡感度日。從此刻起，試著去反思看看吧！你真的會因為沒完成預期的目標，就變得一文不值嗎？

不是的，我們從出生開始，在活著的每一瞬間，從來沒有失去過自己珍貴的價值。每個人都擁有獨一無二的容貌、聲音與指紋，是不可替代的存在。我們之所以珍貴，在於我就是我，光是存在本身就值得被關愛與珍惜。因此，只要我不忘記自身價值，在任何時刻都是彌足珍貴的存在。請務必將此銘記在心，向一直以來忘記這項重要事實的自己說聲：「這段時間讓你受苦了。」

與其以罪惡感為動力，下定決心努力度過每一天，不如去感受時光的珍貴，勉勵自己在人生的每一瞬間全力以赴。因為我熱愛自己，熱愛生活，也熱愛夢想，所以願意在生命的每一天竭盡全力。

此外，與其在罪惡感中自我責備，連一天也無法好好休息，不如懂得珍惜自我，在愛裡盡情放鬆，獲得真正的休憩。很多時候，我們的身體雖然在休息，但腦海裡卻因罪惡感而痛苦萬分。從現在起，請用愛把自己的心填滿，別再總是滿懷內疚。重新找回內心的自由吧，「這樣做才是對的，這麼做是錯的」，

請從社會既定的框架中擺脫，尋回那顆曾經無拘無束的心。你不該理所當然地受罰，反而應該倍受寵愛。不需要任何理由，你光是誕生在這個世界上，就是值得被愛的存在。因此，無論你是否功成名就，都要懂得珍惜和守護自我。你至少應該原諒自己，再從寬恕往珍惜、關愛的階段一步步向前走，讓自己每天都在溫暖的懷抱裡生活。

或許剛開始會很尷尬，但每次想起來時，就要有意識地告訴自己：「謝謝，我愛你」，並逐漸養成習慣。以充滿愛的眼神去看待他人，同時關愛自己，這種無形的正能量，會不知不覺地觸動對方的心，讓你更受尊重與喜愛。

臨睡前對自己說聲「辛苦了」，謝謝自己今天也全力以赴，以滿滿的愛擁抱自我。起床時，看著自己亂糟糟的頭髮、睡眼惺忪的模樣，也別忘了對鏡中的自己說聲「我愛你」。就這樣單純地愛著自己，不管今天的你做了什麼或沒做到什麼，都能擺脫罪惡感的束縛，你將得以不受外界干擾，領悟自己是個值得被愛的存在。而這份愛的力量，會讓你戰勝困住自己的懶散與怠惰。

每個人仰賴的動力各不相同，有的人出於憤怒，有的人出於自卑、嫉妒與競爭；有的人覺得自己一無是處，前進的力量來自於罪惡感，也有的人心懷奉獻，以愛成就萬事。請選擇當中最強大的方法吧，依靠這樣的力量，沒有什麼無法克服。不妨以

愛代替恐懼、憤怒與罪惡感，讓所有行為目的都出於愛自己。
請找回被世界奪走的自由與快樂，現在的你，已然彌足珍貴，
請不要再催促自己，只要好好地自我愛惜即可。你需要的只是
再多一點的愛，或許學習的過程有些痛苦，但你會跨越一切。
請用愛來治癒惰性，驅散罪惡感，在成長中散發出更迷人的光
彩。我會全心全意為你加油和祈禱，但願你一定要幸福，現在
的你真的很棒：）

Q. 我正過著待業的生活，度過了一段隨心所欲的時間，這樣的日子我很喜歡，覺得可以進一步了解並探索自我。可是，有時又覺得似乎是把懶惰合理化而已，愈來愈不清楚自己在做什麼，應該如何找回生活的重心呢？

A. 現在的你，正好處於思考與探索的階段，一定有很多顧慮
吧？儘管如此，你還是為自己的幸福做出了勇氣十足的選擇。
人生的重點，在於從事的工作能讓自己感受到生機，且其中蘊
含的意義與價值，足以為我帶來幸福。我想，你之所以感到難
受，是不是因為還不確定自己想做什麼，就貿然地中斷工作。
不過，我們通常不是因為想做什麼才辭職，而是因為不想做這
項工作，才決定從工作崗位上離開。如果想充實地度過這段空
白期，首先是讓自己徹底休息，其次才是尋找自己真正想做的
事。第一步你已經做得很好了，接下來，就讓我們一起思考如

何迎接下一步。

辭職休息的這段時間裡，在維持放鬆的前提下，試著把「休息」轉換成其他型態如何？例如與其一整天在家看電視或玩電腦，不如去才藝班學畫畫、走一趟深度旅遊，或者學習皮革工藝等。不妨選擇自己平常躍躍欲試，卻一直無法鼓起勇氣挑戰的事物。如此一來，你才不會感到勉強或無趣，在學習中體會到的意義，以及日漸上升的自尊感，更能取代現在無所事事的空虛，同時維持原本的休息狀態。面對挑戰時，倘若能保有內心的從容，就更能清楚分辨自己真正想做的事，伴隨著悸動與幸福，向夢想跨出步伐。

當身體上的疲勞緩解到一定程度，不妨試著感受一下自己做什麼事情時最幸福。如果抱著這種心態度過每一天，生活就會逐漸充滿意義，自己也將能享受更完美的休憩。

和心單獨在一起，才是你真正得以了解自我的時間。唯有誠實地面對自我，才能發現自己真正想要的是什麼。因此，請仔細傾聽內心的聲音，無論何時，那裡都會有你想要的答案。從現在起，驅散心中的霧氣，好好地面對自我吧！回頭看看因罪惡感而痛苦不堪的自己，深入探討自己究竟想要什麼。在這過程裡，充滿了過去不曾有過的心靈撫慰，但願你的心可以被溫暖浸潤，散發出閃耀的光彩，在成長的喜悅與自我的完整中變得幸福。

Q.我有憤怒調節障礙，生氣時還會忍不住扔東西或罵髒話，也總是想怪罪某人，對他們做出負面評價。真的很想改掉自己的這種性格，但每次都失敗，究竟該怎麼辦呢？

A. 首先，重點在於檢視自己的心。生氣或憤怒，其實也是我們的一種選擇，並非有什麼人或事惹火我，而是我主動將情緒向外傾倒。因此，當你忍不住火冒三丈時，請試著回想看看，有些人即使處於相同情況，也能表現出寬恕、溫暖與理解。

請學習拓寬內心的器皿，無論面對何種情況，都不要讓自己的情緒溢出來。此外，我們需要改變的不是世界，而是看待世界的視角。很多時候，問題都來自於生活中的偏見，唯有摘下有色眼鏡，擺脫刻板印象的泥淖，幸福的光芒才能驅散遮蔽的烏雲，引領我們享受真正的快樂。

當我們願意認可自己對事物的理解有限，能以謙遜的態度面對世界，就會更努力地設身處地為他人著想。當你擺脫片面的判斷，懂得綜觀全局時，就能選擇以理解的態度去包容。

說到底，改變與否，還是取決於你願不願意跨出成長的一步，領悟何謂真正的幸福與自由；它所帶來的平靜與舒坦，以及你從來都沒有嘗過的快樂滋味，將會讓你對追求成長一事深深著迷。我們之所以無法進一步成長，關鍵就在於我們不知道有其他更好的選項。所以，現在不妨試著擺脫無知的牢籠，培養自己擁有寬廣的胸懷，以愛的態度去給予包容和寬恕，而不是當

世界未能按自己的心意運轉時，就像年幼的孩子般亂丟東西發脾氣。

克服問題的方法其實很簡單，就是「選擇不同的態度」。如果你渴望改變，就會做出不一樣的決定；假如你的渴望不夠強烈，就還是會在原地踏步。選擇與否，一切都取決於你的態度。進化與新生、退化與滅亡，無時無刻不在生活中上演，你要固守一成不變的觀念，還是打算從中擺脫？你想就此屈服於情緒的枷鎖，成為情感的奴隸，還是想掙脫束縛，獲得真正的自由？一切端看現在的你選擇哪條路。

假如你迫切渴望改變，不妨就在此刻下定決心吧！別讓自己又被舊有的思維綑綁，冷靜地觀察情緒，做出不一樣的選擇。願你能就此成為自我的主宰，重新找回自由，你一定可以做得很好的。此外，也要試著原諒過去那段時間總是發脾氣的自己，絕對不要自我厭惡，你只是不太熟練、不夠理解而已。願你能以寬廣的胸懷，成為自己情感的主人，找回真正自由。

Epilogue

假如失去了珍愛自我的自尊感，不懂得愛惜自己的生命和存在，就永遠也感受不到幸福。因此，在生活的每一刻，我們都務必要守護自己的真實。

如果為了追求虛假的欲望和華麗的世界，背棄了自己的真心，甚至戴著面具逢場作戲，那麼，我們會因生活中缺乏真誠而倍感痛苦。連自己都不懂得愛自己，被拋棄的心就落得傷痕累累，瑟縮地悲泣。

在人生中，若能保留對世界的真誠，守護好個人的色彩與魅力，愛惜那份最原始的珍貴價值——那麼，不論外在環境如何影響，我們都能無條件地感受到幸福，並感謝一路成長的歷程。

為了進一步成長，我們每天會經歷無數的人生課題，從中學會堅持。而在這些人生體悟裡，我們會找到屬於自己的意義與價值，在內心充滿期待與悸動。因此，我們不會再對黎明前的清晨感到畏懼，反而期待新的一天到來。

這本書裡或許有許多老生常談，但我想把這些總是被遺忘的真理，再次深深地刻進你們心底。我希望你們能真正走向幸福，擺脫空蕩蕩的心，找回被世界奪走的自由與完整、自尊與真誠，過上充實且豐富的生活。因此，我帶著充滿祝福的

真心與誠意，寫下了書裡的每一個段落。

有時，我也會覺得人生沉重得讓人難以負荷，只能拖著顫抖的雙腿去扛起一切。所以，我希望自己能給擁有同樣境遇的你們一點安慰與支持。

我知道，現在足以安慰你們的，只有一起痛過的人的深切共鳴。假如不曾經歷痛苦，我們也不會想追求成長、守護真心，甚至尋找幸福，因此，痛苦是必經的過程。覺得難受也不要緊，跨越了痛苦，我們才能成長茁壯，迎向美好的明日。

願你在闔上這本書後，能保有堅實的信念。

或許未來仍免不了苦痛，

但希望從現在起，你能夠懷著愉悅的心去面對。

就算覺得難受，最終也一定會過去的。

國家圖書館出版品預行編目資料

願你在黑暗裡溫柔爍亮：擁抱生命的艱難時刻，從內心湧出溫暖力量／金知勳著；張召儀譯 . -- 初版 . -- 臺北市：日月文化出版股份有限公司，2023.10
352 面；14.7*21 公分 . --（大好時光；74）
譯自：참 소중한 너라서
ISBN 978-626-7329-61-0（平裝）
1. 自我實現　2. 生活指導
177.2　　　　　　　　　　　　　　　　　　　　112014037

大好時光 74

願你在黑暗裡溫柔爍亮

擁抱生命的艱難時刻，從內心湧出溫暖力量

참 소중한 너라서

作　　者：金知勳（김지훈）
譯　　者：張召儀
主　　編：俞聖柔
校　　對：俞聖柔、張召儀
封面設計：之一設計工作室／鄭婷之
美術設計：LittleWork 編輯設計室

發 行 人：洪祺祥
副總經理：洪偉傑
副總編輯：謝美玲
法律顧問：建大法律事務所
財務顧問：高威會計師事務所
出　　版：日月文化出版股份有限公司
製　　作：大好書屋
地　　址：台北市信義路三段 151 號 8 樓
電　　話：（02）2708-5509　傳　　真：（02）2708-6157
客服信箱：service@heliopolis.com.tw
網　　址：www.heliopolis.com.tw
郵撥帳號：19716071 日月文化出版股份有限公司

總 經 銷：聯合發行股份有限公司
電　　話：（02）2917-8022　傳　　真：（02）2915-7212
印　　刷：軒承彩色印刷製版股份有限公司
初　　版：2023 年 10 月
定　　價：400 元
I S B N：978-626-7329-61-0

참 소중한 너라서 ⓒ 2018 by JIHUNKIM
All rights reserved
First published in Korea in 2018 by ONE FLOWER OF TRUE HEART
This translation rights arranged with ONE FLOWER OF TRUE HEART
Through May Agency and Keio Cultural Enterprise Co., Ltd.
Traditional Chinese translation rights ⓒ 2023 by Heliopolis Culture Group